Jane Eyre

C. Brontë

GOGAKU SHUNJUSHA

*This book is published in Japan
by Gogaku Shunjusha Co., Inc.
2-9-10 Misaki-cho, Chiyoda-ku
Tokyo*

*First published 2000
© Gogaku Shunjusha Co., Inc.
Printed in Japan, All rights reserved.*

はしがき

　言語の学習にはテレビ，ビデオよりもラジオ，ＣＤの方がはるかに適している。それは音だけが唯一のコミュニケーションの手段だからだ。耳の働きは鋭敏となり，英語リスニング力はそのぶん確実に上達する。

　アメリカで制作されたこの『イングリッシュ・トレジャリー（英語の宝箱）』は，その点リスニングの究極の教材といえるだろう。

　英米の名作が放送ドラマ形式でできているので，登場人物のセリフがまるで目の前でしゃべっているように聞こえてくる。しかも，効果音が実によくできているので，胸に迫るような臨場感がある。たとえ一瞬たりともリスナーの耳を離さない。

　しかも，ドラマの出演者は，アメリカ・ハリウッド黄金時代を飾ったスターたちだ。人のしゃべる言葉とはこんなに魅力あるものかと，あらためて感動する。生きた言葉とはまさにこれを指すのだろう。

　『イングリッシュ・トレジャリー』のよさは，またその構成のうまさにある。物語の進行に伴う場面ごとにナレーションが入って，その背景を説明してくれるので，リスナーの耳を瞬時にその場面に引き込んでくれる。しかも，放送ドラマだからサウンドトラックと違ってクリアーな音がたえず流れてくる。会話によどみがない。

　名作をたのしむというステキな環境の中で，総合的な語学学習ができるところに，この教材のすばらしい利点が見出せよう。

　「リスニング力」はもちろん，物語の中でこそ最もよく覚えられる「単語・会話表現」，そしてシャドウ（あとからついて言う）で身につく「スピーキング力」，英語シナリオ一本まるごと読むことでつく「読解力」と，まさに一石四鳥の「英語の宝箱」だ。

　どの作品を取り上げても文句なく楽しめる。

CONTENTS

はしがき ……………………………………………… iii
シリーズの使用法 …………………………………… v
CD INDEX 一覧 ……………………………………… iv
作家と作品 …………………………………………… vii
あらすじ ……………………………………………… viii
   ACT 1 ……………………………………………… 1
   ACT 2 ……………………………………………… 27
   ACT 3 ……………………………………………… 49
語句の解説 …………………………………………… 64

●シリーズの使用法

英検1級レベル

　英文シナリオを見ずにＣＤをひたすら聴く。第2ステージでは，聞き取れなかった部分や「これは」と思った慣用表現を英文シナリオでチェック。口頭でシャドウ（英語のセリフのあとを追いかけて，そのまま繰り返すこと）できるまで習熟したい。

英検2級～準1級レベル

　英文シナリオを片手に，ＣＤを聴く。第2ステージでは，日本語訳・語句の解説を参照しながら，英文シナリオの完全理解を図るとともに，使える会話表現をどんどん身につける。第3ステージで，日本語訳を片手に，ＣＤを聴く。シナリオなしにＣＤが聞き取れるようになれば卒業だ。

英検3級～準2級レベル

　日本語訳・語句の解説を参照しながら，まず英文シナリオを丁寧に読む。第2ステージでは，英文シナリオを片手にＣＤを聴こう。音声のスピードに慣れるまでは，物語の小まとまりで切って，そこを何度も聴きながら，学習を進めてください。ＣＤだから，頭出しは自由自在です。会話表現や単語数もどんどん増やすチャンスです。
　第3ステージでは，日本語訳を片手に，ＣＤに耳を傾ける。この頃には，耳も相当慣れてきて，リスニングにかなりの手応えを感じはじめているだろう。
　物語は，難易度表の「初級～中級レベル」表示の比較的易しめのものから入っていくことをお勧めする。

CD INDEX 一覧

	本文ページ	該当箇所	冒頭部分
1	1	ACT1-1	My name is Jane Eyre.
2	3	ACT1-2	That was my introduction to Lowood.
3	3	ACT1-3	If we who were children at Lowood …
4	5	ACT1-4	My advertisement brought me a solitary …
5	8	ACT1-5	I spent all the next day with Adèle …
6	10	ACT1-6	Later that week, quite early in the …
7	12	ACT1-7	Jane! Jane! Yes, Mrs. Fairfax.
8	15	ACT1-8	What sort of man was this master …
9	17	ACT1-9	Sit down, Miss Eyre. Tell me …
10	20	ACT1-10	Mademoiselle, mademoiselle! It's time …
11	22	ACT1-11	Three nights later I was again awakened …
12	23	ACT1-12	He took a candle and walked quickly …
13	26	ACT2-1	There was no sleep for me the balance …
14	28	ACT2-2	But Adèle was still sleeping. As I left …
15	29	ACT2-3	And so … for me the mystery of …
16	32	ACT2-4	I was to learn a little more of Mr. Mason …
17	33	ACT2-5	Jane, Jane, are you awake?
18	34	ACT2-6	In the tower there was a bed.
19	35	ACT2-7	There is your patient, Dr. Rivers.
20	37	ACT2-8	They are gone, Jane.
21	41	ACT2-9	Well, why do you stop, Blanche?
22	43	ACT2-10	And now you've seen it all, Blanche, …
23	45	ACT2-11	My guests have gone, Jane, all gone.
24	47	ACT3-1	All my doubts, all the grim shadows that …
25	50	ACT3-2	It seemed without end, the journey back …
26	51	ACT3-3	They're gone, Jane. May I come in?
27	53	ACT3-4	I had only one place to go … away from …
28	55	ACT3-5	The summer passed. It was fall again.
29	58	ACT3-6	"Jane! … Jane!" Oh, his voice …
30	58	ACT3-7	I reached the estate, but Thornfield Hall …
31	61	ACT3-8	As the months went by, he came to …

(本CDは歴史的に貴重なオリジナル音源を使用しておりますので、一部お聴きぐるしい箇所が
ある場合がございますが、ご了承ください)

作家と作品

　『ジェーン・エァ』はシャーロット・ブロンテ（1816〜54）が1847年に出版し，作中に見せたその愛憎の描写は当時の女性のものとしては，特異なものであり，これによってイギリス女流作家としてのシャーロットの名声は確立されたのである。

　シャーロットは1816年，アイルランド人の牧師を父として生まれ，下には『嵐が丘』で有名なエミリー・ブロンテ（1818〜48）がおり，末娘のアンとともに文学史上にブロンテ姉妹として名を成した。3人とも，早逝し，残した作品は少ないが，その作品はいずれも強烈な感受性と優れた創造力とによって，ビクトリア朝の英文学史上に不滅の印象を与えている。

　『ジェーン・エァ』で，シャーロットは不幸な境遇にあっても，愛の世界における人間の対等を信じ，ひたむきに真実の愛を求め，容易に妥協せず，情熱的に生きる女主人公ジェーンを描くことによって，彼女自身の愛と絶望と煩悶（はんもん）の経験を巧みに叙述したのである。

あらすじ

　小説『ジェーン・エア』の主人公ジェーンは孤児であった。叔母のリード夫人の世話になっていたが，リード夫人の実子とはけんかする手に負えない子どもとして，10才のときにロウウッドという学校に入れられた。これは学校というより，ロウウッド孤児院とよばれるほうが適当な所であった。この施設の監督のブロックルハーストは孤児たちに自由を与えず，時には体罰をも加えるような教育を行った。10年間をここで過ごしたジェーンは聡明な女性に成長した。ロウウッドの理事会は彼女に教師の資格を与えたが，ジェーンはそこを去りソーンフィールド館にひきとられ，そこに保護されているアデールという少女の家庭教師となった。その貢献者でありかつソーンフィールド館の主人，エドワード・ロチェスターはいつも不機嫌で，荒々しいふるまいがあり，理解しがたい野蛮な印象を与えたが，ジェーンは，それには何か事情があると思っていた。

　この館では夜になると不気味な笑い声が聞こえることがあった。ある夜，ジェーンはかん高い笑い声とただならぬ物音に目を覚ました。ロチェスターの寝室から煙が出ていた。命を救われたロチェスターはジェーンに感謝した。

　その翌朝，ロチェスターはソーンフィールドを去ってしばらく館を留守にした。ロチェスターが戻って来たとき，多くの客人を伴っていた。その中にはロチェスターの財産を目当てに近づいていると思われるイングラム夫人と娘のブランシュもいた。

　ソーンフィールド館では盛大なパーティーが開かれた。宴の途中にメイソンと名乗る男が現れた。

客全員が眠ってしまったとき，例の恐ろしい叫び声が聞こえた。客たちは起きだしてきた。ロチェスターは召使いが悪夢を見たのだと，その場をつくろって皆を再び床につかせた。その後でロチェスターは，塔の一室に傷ついて横たわるメイソンのために医師をよびに行く間，ジェーンにその看護を頼む。
　やがて医師が来て，メイソンを連れだすとロチェスターはジェーンを庭に連れだして，なぞをかけてジェーンの気持ちを探ろうとするがジェーンは巧みに返答をそらす。2人の会話は，その場に現れたブランシュに妨げられ，ロチェスターはジェーンから離れる。
　屋敷内を案内しつつ話をするロチェスターの終始ふまじめな態度にブランシュはあきれるが，イングラム家が自分に近づいたのは金銭が目当てなのだとロチェスターが言うに至って，ブランシュは最大の侮辱を受けたとして別れる。
　客は去った。ロチェスターと2人だけになったときジェーンは，自分もここを去りますと言いだす。これより前に彼女はソーンフィールド館の家政婦のフェアファックス夫人から，ロチェスターはブランシュと結婚するかも知れないと聞かされていて，そうなったときは自分はこの館にいられないと思ったからである。この言葉が出たと同時に，ジェーンは，いつのまにかロチェスターを愛するようになっている自分に気がついたのである。「私に富と美ぼうがあったら，あなたと別れるようなことにはならないでしょう」という一章は愛情についてのジェーンの考え方を表している。ロチェスターはジェーンを自分の身と同じように愛しているのだと言って，

「結婚します」と言えと強引に迫る。ジェーンもロチェスターの気持ちを察して承諾する。しかし，そのときロチェスターは「神よ許したまえ」となぞの言葉を発する。

　こうして愛し愛される日々が続いて，いよいよ結婚式を行うことになった。式も進んでロチェスターが誓詞を述べようというときになった。そのときに突然現れて，この結婚には障害があると申し出た者があった。申し立ての内容は，ロチェスターは二重結婚をしようとしているとの事であった。ジェーンに求婚したとき，「神よ許したまえ」の言葉のもとはここにあったのだ。原作では弁護士ブリッグスが申し立てるのであるが，本テキストでは，メイソンが申し立てている。ロチェスターの妻はメイソンの妹だったのである。ロチェスターは出席者をソーンフィールド館に連れて帰り，塔の中の部屋に案内した。そこには気が狂った女がいた。これがロチェスターが若いときに結婚させられた妻だったのである。

　絶望して自室に閉じこもったジェーンの部屋を訪ねたロチェスターはすべてを説明し，ジェーンに許しを請う。ジェーンは「許します」と答え，また愛情も変らないことを告げたが，去らないでとどまってくれとのロチェスターの言葉に，「それでは2人とも傷つきます」との言葉を残し，ソーンフィールド館を去っていった。

　映画ではこれから荒野をさまよい，伝導師のジョン・リヴァースに救われ，求婚されるのであるが，本テキストでは，行く所もないままにロウウッドにブロックルハーストを訪ねる。ロウウッドでは教師の職を得られず台所で働くことになった。またブロックルハー

ストあてのロチェスターからの便りで，ロチェスターが英国を去ったという消息を得た。

　その夏が過ぎて，やがて秋になった。リヴァース先生がロウウッドへジェーンを尋ねてきた。ロチェスターが再び館に戻ったことを知る。また，自分を探していることも伝えられた。

　それ以後，夜になるとロチェスターのジェーンをよぶ悲痛な声が聞こえ，ついにたえられなくなって，ジェーンはロチェスターに会う決心をする。

　ソーンフィールド館につくと，屋敷は火事で焼けおちていた。フェアファックス夫人から事のなりゆきを聞き，火事の際に傷つき失明し，変わり果てたロチェスターに再会したとき，ジェーンは彼を心から愛している自分に気がついたのであった。

CAST

J.E: Jane Eyre
       (*Acted by* Ingrid Bergman)
Mr. R: Mr. Rochester
       (*Acted by* Robert Montgomery)
Mrs. F: Mrs. Fairfax
Mr. B: Mr. Brocklehurst
Adè: Adèle
G.P: Grace Poole
L.I: Lady Ingram
Mr. M: Mr. Mason
Bl: Blanche
Min: Minister
Doc: Doctor Rivers
W.W: Watchman's Wife

ACT 1

1

J.E: My name is Jane Eyre. I was born in 1820, a time of harsh changes in England. Money and position were all that mattered. Charity was a cold and disagreeable word; religion too often merely a mask to cover bigotry and meanness. As a child I had no one — only an aunt. I cannot remember that even once did she speak a single word of kindness to me. When I was ten, she sent me away to school, to a place called Lowood.

Mr. B: What do you want?

J.E: I am the new girl, sir, Jane Eyre.

Mr. B: You are aware of my identity, Eyre?

J.E: They told me you are Mr. Brocklehurst, sir.

Mr. B: That is correct. I am the supervisor of this institution.

J.E: Institution, sir?

Mr. B: Did I give you leave to question me?

J.E: No, sir.

Mr. B:		Perhaps the word institution annoys you.
J.E:		Excuse me, sir. I thought this was a school.
Mr. B:		Lowood is a refuge, Eyre. A refuge for paupers and orphans, who, but for these portals, are without homes. Here we give everything. In return we demand nothing short of absolute obedience and humility.
J.E:		I have tried to be a good girl, sir.
Mr. B:		You've tried only to torment your poor aunt. From what she told, and from what is readily observed, you are a wicked, boisterous child.
J.E:		That isn't so.
Mr. B:		In all the earth there is no sight so terrible as a wicked child. But I promise — all wickedness will be driven from you here. Eyre!
J.E:		Yes, sir.
Mr. B:		Get to your knees. We shall pray

together for the salvation of your soul.

2

J.E: That was my introduction to Lowood. It was like a prison, dark and cold. But never so dark nor cold as Mr. Brocklehurst. His hands reached everywhere through those somber walls and in the guise of Christian charity, tormented body and soul alike. Two weeks after my arrival he found cause to assemble all the children and ordered me to stand before them on a stool.

Mr. B: Pupils, observe this child. Be on guard against her. Shun her example and avoid her company. And you, the teachers! Watch her well. Punish her body to save the soul, for already the evil one has found in her a willing servant. She will remain on this stool for twelve hours. Return to your classes.

3

J.E: If we who were children at Lowood did not flourish, at least we survived. True we had nothing to cling to, save each other. But the very anguish that was Lowood bound us together still more closely. Life was barren there. I know because I was there for ten years. Shortly after my twentieth birthday Mr. Brocklehurst sent for me.

Mr B: This is a solemn moment, Eyre. Little did I imagine that the unregenerate child I received unto this institution...would in ten short years become one of its teachers.

J.E: A teacher, sir?

Mr. B: The trustees have seen fit to bestow that honour upon you.

J.E: But I...I cannot accept the offer, sir.

Mr. B: And why not, pray?

J.E: I do not wish to stay at Lowood.

Mr. B: This is unheard of. The ingratitude!

J.E: I've had ten years of harshness and

	drudgery, sir. For that I can have no gratitude.
Mr. B:	Wilful, stiff-necked as ever. I see we've been sadly deceived in you. And where do you intend to go?
J.E:	Into the world, sir. I have never seen it.
Mr. B:	Do you know how the world treats young paupers, friendless, without connections?
J.E:	I intend to find a position as a governess. I have advertised in a newspaper.
Mr. B:	Doubtless you've been overwhelmed with demands for your services!
J.E:	No, sir.
Mr. B:	This is ridiculous. You have no talents. Your appearance insignificant. I warn you, Eyre — if you persist in this folly, this haven will never again be open to you.
J.E:	I'm leaving Lowood, sir.

4

J.E: My advertisement brought me a solitary answer, a letter signed by a Mrs. Fairfax. It bore the crest of Thornfield Hall. I was a whole day in reaching the estate. At the nearest village a coachman met me. And for two hours we rode through the desolate moorlands. Then in the deep shadows of evening, it loomed before me, ancient and huge, beyond anything I had visioned, its great tower stretched into the darkness with massive stone walls butted out into the misty gloom like the ramparts of a fortress. I had arrived at Thornfield Hall.

Mrs. F: You are Miss Eyre, my dear?

J.E: Yes, madam.

Mrs. F: I'm Mrs. Fairfax. Well, there's a nice, cozy fire burning inside. Come. Warm yourself, child.

J.E: Thank you.

Mrs. F: I'm so glad you've come, Miss Eyre. Living here with no company but the servants, it's none too cheerful, I tell you.

Only the postman and the butcher to have a word with since this hard weather has set in.

J.E: Shall I have the pleasure of seeing Miss Fairfax tonight?

Mrs. F: Miss Fairfax? Oh, you mean Miss Adèle.

J.E: Is it not your daughter to whom I shall be governess?

Mrs. F: Oh, gracious no. Adèle is French. You'll see her in the morning. She's Mr. Edward's ward.

J.E: Mr. Edward?

Mrs. F: Mr. Edward Rochester. The owner of Thornfield.

J.E: Oh.

Mrs. F: I'm only the housekeeper.

J.E: Will he wish to see me this evening?

Mrs. F: No. He's not here. He's very seldom at Thornfield. And then his visits are always sudden and unexpected and brief.

J.E: Oh, but this is such a beautiful home, Mrs. Fairfax. I mean it is hard to understand why Mr. Rochester would choose to remain away.

Mrs. F: It *is* strange. But then Mr...Miss Eyre, Mr. Rochester is a strange man in many ways. Let me show you to your room.

J.E: Thank you.

5

J.E: I spent all the next day with Adèle — a beautiful and charming child. Like myself she too was an orphan. She won me over so quickly. That night as I was making her ready for bed, she showed me one of her dolls.

Adè: This is Mimi, mademoiselle.

J.E: Umn, such a beautiful dress she has, Adèle!

Adè: Mama had a dress like that. It is a dancing dress, mademoiselle. Mama was a beautiful dancer. I also can dance. Do you wish me to dance for you?

J.E: Now, Adèle? This very moment?

Adè: Now you speak like M'sieur Rochester. For him it is never the right moment.

J.E: Does that make you sad, Adèle?

Adè: Sometimes, mademoiselle. I love dancing.

J.E: I should like it, too.

Adè: A great many gentlemen and ladies came to see mama dance.

J.E:	Where ... where was that?
Adè:	In Paris. But when mama had to go to heaven, then Mr. Rochester came and brought me here. Mademoiselle, do you like M'sieur Rochester?
J.E:	I have not yet met him.
Adè:	That big huge chair downstairs. That is his chair. He sits in it and stares in to the fire ... and frowns.
J.E:	But I am sure he is very kind to you.
Adè:	Oh, sometimes he brings me beautiful presents. But when he is angry, that is terrible.
J.E:	Oh!
Adè:	But do not be concerned, mademoiselle. Tonight I shall pray to God to make him be polite to you. So you will stay with me forever.
J.E:	Thank you, Adèle. Thank you.

6

J.E: Later that week, quite early in the evening, I went for a walk alone. It was cold and huge clouds of mist clung to the ground. It was like walking through a dream, with the road ahead inviting and invisible. There must have been a turn in the road, for I saw nothing and heard nothing, until it was upon me. And then out of nowhere there was a fearful clatter of hooves and a man frantically shouting, "Out of the way! Out of the way!" In a moment the horse and the man crashed to the ground.

J.E: Oh, oh ....

Mr. R: What the devil do you mean by that?

J.E: Oh, I'm so sorry. I must have frightened your horse. Can I do anything?

Mr. R: Apologies won't mend my ankle! Stand out of the way.

J.E: Oh, but you are hurt.

Mr. R: I told you to stand aside.

J.E: But I can't leave until I see ah ... that

	you're fit to ride.
Mr. R:	Where are you from?
J.E:	From Mr. Rochester's house just below.
Mr. R:	Do you know Mr. Rochester?
J.E:	No, no, no, I've never met him.
Mr. R:	You're not the servant at the hall?
J.E:	I'm the new governess.
Mr. R:	The new governess?
J.E:	Yes.
Mr. R:	Well, if you are satisfied now I have broken no bones, had me my whip and get out of my way.
J.E:	Here.
Mr. R:	Thank you. Now if you will kindly stand clear for a moment.
J.E:	Yes, sir. Yes.

7

Mrs. F:	Jane! Jane!
J.E:	Yes, Mrs. Fairfax.
Mrs. F:	Quickly, dear. He has been asking to

	see the new governess.
J.E:	Who?
Mrs. F:	Mr. Rochester, of course. Rode in on us without warning and in such vile humour!
J.E:	Where is he?
Mrs. F:	Inside...before the fire...in his chair.
J.E:	Thank you.

★   ★

Mr. R:	Well ... well, Miss Eyre, have you no tongue?
J.E:	I was waiting, sir, until I ... I was spoken to.
Mr. R:	Come here. Next time when you see a man on a horse, don't run out in the middle of the road until he has passed.
J.E:	I assure you, sir, it was not deliberate.
Mr. R:	Sit down, Miss Eyre.
J.E:	Yes.
Mr. R:	Where are you from?
J.E:	Lowood Institution, sir.

Mr. R:	What is that?
J.E:	A charity school. I was there ten years.
Mr. R:	Ten years? In a charity school? You must be tenacious of life. No wonder you have rather the look of another world about you. When you came on me in the mist, I found myself thinking of fairy tales. I had half a mind to demand whether you'd bewitched my horse. Indeed I'm not sure yet. Who are your parents?
J.E:	I have none, sir.
Mr. R:	And your home?
J.E:	I have no home, sir.
Mr. R:	Who recommended you here?
J.E:	Mrs. Fairfax answered my advertisement.
Mr. R:	I see. And you rushed here just in time to throw me off my horse. You play the piano?
J.E:	Yes,.. a little.

Mr. R: I see. That's the established answer, isn't it? Go into the drawing room! I mean, if you please. Go on. Take a candle and leave the door open and play.

J.E: What do you wish me to play?

Mr. R: Anything ... anything you wish.

(*Piano Music*)

Mr. R: That's enough. That's enough. You play a little, I see, like any other girl. Perhaps better than some but not well. Good night, Miss Eyre.

J.E: Good night, sir.

8

J.E: What sort of man was this master of Thornfield? So proud, so cynical, so unmannerly. Instinctively I felt that his harsh mood had its source in some cruel cross of fate. I was soon to learn that this indeed was true. After he said good night, I went to my room. I had scarcely fallen asleep when I heard it...like a voice in a nightmare ... a wild ... insane laughter ... a woman's laughter that seemed to come from somewhere in the tower of Thornfield Hall. I opened my door at the end of the long hall. In front of the stone steps leading to the tower I saw Mrs. Fairfax. She was talking to someone.

Mrs. F: You must be careful. I've told you time and time again that you can be heard all over the house.

G.P: I know ... yes ... Good night.

Mrs. F: Oh, Jane, did I disturb you, my dear?

J.E: No. There's nothing wrong?

Mrs. F: Wrong? Oh...oh, do you know I..I was talking to Grace Poole? She is a person we have to do the sewing. She does excellent work but she is a little peculiar. Well, how did you get on with Mr. Rochester, my dear?

J.E: Is he always so changeful and so abrupt?

Mrs. F: Well, he has his moods. But then allowances should be made.

J.E:	Why for him more than anyone else?
Mrs. F:	Partly because that's his nature, and partly because he has painful thoughts.
J.E:	Mrs. Fairfax, I don't mean to be curious, but ....
Mrs. F:	Family troubles, Jane. I think that's why he so seldom comes here to Thornfield. It has unpleasant associations for him. Good night, my dear.
J.E:	Good night.

9

Mr. R:	Sit down, Miss Eyre. Tell me...you...you've been here now...how long is it?
J.E:	Eight days, sir.
Mr. R:	Eight days. You puzzle me a great deal and from the way you stare at me, it's apparent that I also am something of a puzzle to you. Examine me, Miss Eyre. You find me handsome?
J.E:	No, sir.

Mr. R:	Indeed!
J.E:	Well, I'm ... I'm too blunt. I beg your pardon.
Mr. R:	No. Don't turn away. Don't turn away. What does my face tell you? Am I a fool?
J.E:	Oh, no, sir.
Mr. R:	Is it the face of a kindly man?
J.E:	Hardly that, sir.
Mr. R:	No, I'm not a kindly man although I did once have a sort of tenderness of heart. You doubt that?
J.E:	Please, sir ....
Mr. R:	I've been knocked about by Fortune, Miss Eyre. She has kneaded me with her knuckles till now I flatter myself I'm as hard and tough as an Indian rubber ball...with perhaps one small sensitive point in the middle of the lump. Does that leave hope for me?
J.E:	Hope for what, sir?
Mr. R:	Of my transformation from Indian

rubber back to flesh. You're silent, Miss Eyre. Keep your silence then and listen. What I want you to know is this — I do not wish to treat you as an inferior. But I've battled through a varied experience with many men of many nations. I've roamed over half the glove while you've spent your whole life with one set of people in one house. Don't you agree that that gives me a right to be a little masterful?

J.E: You pay me thirty pounds a year for receiving your orders. Do as you please, sir.

Mr. R: Thirty pounds. I'd quite forgotten that. Yes, well, on that mercenary ground, won't you agree to let me bully you a little?

J.E: No, sir. Only on the ground that you inquire of my feelings as your equal.

Mr. R: Good! And you'll not think me

insolent?

J.E: I should never mistake informality for insolence, sir.

Mr. R: Now where are you going?

J.E: It's time for Adèle's lesson.

Mr. R: You're afraid of me. You want to escape me. You look at me and you hesitate to smile ... even to speak. Admit it, you're afraid.

J.E: I ... I'm bewildered, sir. I'm certainly not afraid.

🔟

Adè: Mademoiselle, mademoiselle! It's time for my lesson.

J.E: You see it is time, sir. I'm here, Adèle.

Adè: Look at me, mademoiselle. You, too, monsieur. See, it's the ballet dress you brought me.

Mr. R: Is it?

Adè: Do I not look beautiful, monsieur? See.

Mr. R: Go upstairs.
Adè: But, monsieur!
Mr. R: I said go upstairs.
J.E: Come, Adèle. Come with me.
Mr. R: Miss Eyre, I've not finished talking with you.
J.E: Go to your nursery, darling.
Adè: Yes, mademoiselle.
J.E: I'll come up in just a moment.
Adè: Yes.
Mr. R: Why are you looking at me like that, Miss Eyre?
J.E: I don't care what your past misfortunes were. You have no right to avenge yourself upon the child.
Mr. R: You're quite right. Of course I was thinking only of myself, my own private memories and feelings. I'm a battle ground where nature and circumstances tear at each other's throat. Nature intends me to be a good man, Miss Eyre. Circum-

stances decree otherwise. You may leave now.

J.E: Thank you.

Mr. R: I, ah...I hope you'll be happy here at Thornfield.

J.E: I hope so, too, sir.

Mr. R: I'm glad.

11

J.E: Three nights later I was again awakened by that awful laughter and the noise in the hall like by the padding of running feet. I threw a robe...over me, with a candle and opened my door. I could see no one in the hall, but faintly I heard a sort of crackling noise. It seemed to come from his room, Mr. Rochester's. As I drew near his door, I saw it was partly opened. Just a crack. But through it came a strange light and then...then suddenly I could see it...smoke...smoke and fire.

J.E: Mr. Rochester! Mr. Rochester!

★   ★

Mr. R: It's out, Mr...Miss Eyre. The fire is out. Please open the window. Look, the fire seems only to have been at my bed ... the bed curtains and the sheets.

J.E: I'll get Mrs. Fairfax.

Mr. R: What the devil do you want to call her for? Let her sleep.

J.E: There was someone who started that fire.

Mr. R: Stay here.

J.E: I heard footsteps, I ....

Mr. R: Stay here.

J.E: Why? Where are you going?

Mr. R: I won't be long. Stay here and be as quiet as you can.

12

J.E: He took a candle and walked quickly down the hall. The window of his room looked out upon the tower. And through the vents in the tower wall I could see now a flicker of the candle as it mounted...higher and higher up the winding stairs. There was something in the tower that had to do with the fire. The light on the candle seemed to cling to the top of the tower. And then — I don't know how long later — it glimmered its way down again. There were footsteps in the hall and Mr. Rochester returned to his room. He closed the door and looked at me.

Mr. R: When you came out of your room tonight, when you saw the fire and wakened me, had you seen anything else, Miss Eyre?

J.E: No.

Mr. R: Did you hear anything?

J.E: Yes, yes, a kind of laugh.

Mr. R: A kind of laugh? Had you heard it before?

J.E: Yes, once before. There's a strange woman living here, Grace Poole.

Mr. R: Grace Poole, yes, Grace Poole. Well, I can see what must be done. Meanwhile,

	say nothing about this to anyone. I should ....
J.E:	Oh, Adèle!
Mr. R:	You need not be alarmed about Adèle. I looked in the nursery just now. Adèle is all right.
J.E:	Oh, thank heaven!
Mr. R:	She's asleep. Next to her head on the pillow ... her dancing slippers ... trying to console herself for my unkindness to her. The child has dancing in her blood and coquetry in the very marrow of her bones. She has shown you her doll, Miss Eyre?
J.E:	Her dancing doll ... or the dress like her mother's?
Mr. R:	Her mother was a dancer in the ballet at the Paris Opera. Adèle is the image of her.
J.E:	But she's dead. Adèle's mother is dead.
Mr. R:	That is what we tell her. The truth is

	not quite so touching.
J.E:	Oh, she has had so little to love. I shall try to make up for that.
Mr. R:	Are you always drawn to the loveless... and unfriended?
J.E:	When it's deserved.
Mr. R:	Would you say that my life deserves saving?
J.E:	I should be distressed if harm came to you, sir.
Mr. R:	You should be distressed? What puny sort of sentiment is that! You saved my life tonight, Miss Eyre. I knew you would do me good in some way at some time.
J.E:	If I did, I'm ... I'm very happy.
Mr. R:	Good night, Jane.
J.E:	Good night, sir.

ACT 2

1

J.E: There was no sleep for me the balance of that night. The insane laughter, the fire, the story of poor little Adèle — each was a fragment of a tormenting, and frightening puzzle. But most bewildering of all was the master of Thornfield Hall.

This brooding, melancholy man, bitter and unpredictable as the winds that raced across the neighbouring moors and like the winds, searching and longing and whispering. I was up early the next morning. But not early enough. Mr. Rochester was gone. At breakfast Mrs. Fairfax told me where.

Mrs. F: He said something about Millcote. Perhaps he's bound there...perhaps not....

J.E: Millcote?

Mrs. F: Lady Ingram's estate. The other end of the county. She has a daughter. Blanche Ingram and Mr. Rochester are old friends.

J.E: Oh.

Mrs. F: Jane, you heard what happened during

	the night?
J.E:	Yes, I was awake.
Mrs. F:	Oh, it was just terrible. We might all have been burnt in bed.
J.E:	Did...did Mr. Rochester tell you how the fire started?
Mrs. F:	He said he was reading in bed and fell asleep. The wind blew the candle onto the bed curtain.
J.E:	Oh, I see. If you'll excuse me, Mrs. Fairfax, I'll go up to Adèle.

2

J.E: But Adèle was still sleeping. As I left her room, my eyes turned toward ...toward the tower staircase. Almost against my will I walked to the ancient stonesteps, started to climb. Half way up the great door barred the way. But it was open and I slipped past. On the top of the stairs was a...was another door. Before I reached it, there came a sudden screaming, snarling, half human, half animal...and a thudding sound as if a beast were tearing at the bars of its cage. I reeled on the stairs and started to descend when the door behind me swung open and a voice rooted me to where I stood.

G.P: What are you doing here?
J.E: Who...who are you?
G.P: They've told you who I am. Grace Poole. Never come up here, never.
J.E: Why? What is there? What are you hiding?

G.P: No one is allowed up here ... do you understand? No one. Now go down ... go down.

3

J.E: And so ... for me the mystery of the tower continued ... unsolved. Edward Rochester remained away and the winter weeks dragged by. I found a measure of contentment in Adèle's apparent fondness for me. And then ... early in the spring, he returned. But he ... he did not come alone. He descended suddenly upon us with a dozen guests, among them Lady Ingram and her daughter Blanche.

Mr. R: Oh, come in, Jane. Let me look at you. You know I've been home for hours but not a word out of you. Why?

J.E: You've been with your guests. I have no wish to disturb you.

Mr. R: What have you been doing while I've been away?

J.E:	Teaching Adèle.
Mr. R:	Yes, and getting a good deal paler than you were. What's the matter?
J.E:	Nothing.
Mr. R:	You're depressed. What about?
J.E:	I'm not depressed, sir.
Mr. R:	So depressed that a few words more and there will be tears in your eyes. Now they are there already. Shining and swimming. Jane ... Jane, you must tell me. What is it?
Mrs. F:	Mr. Rochester.
Mr. R:	What the devil ...?
Mrs. F:	There's a gentleman to see, sir.
Mr. R:	Who is he?
Mrs. F:	A Mr. Mason, sir. Mr. Mason, he said, of Spanish town, Jamaica.
Mr. R:	Mason? Spanish..? Take him to my study, Mrs. Firfax.
Mrs. F:	Yes, sir.
Mr. R:	Jane, I wish I were on a quiet island

with only you. Trouble and danger and hideous recollection far away.

J.E: Can I help you, sir?

Mr. R: If help is needed, I'll seek it at your hands. I promise you that. Jane.

J.E: Yes?

Mr. R: If all the people gathered in that other room, came and spat on me, what would you do?

J.E: I'd turn them away, if I could.

Mr. R: Or if I were to go to them and they turned away and left me alone, what then? Would you go with them?

J.E: I would stay with you, sir.

Mr. R: To comfort me?

J.E: As well as I could.

Mr. R: Thank you, Jane.

4

J.E: I was to learn a little more of Mr. Mason later that night. It was long past midnight. The whole house was sleeping, when it happened again, that awful scream from the tower. It aroused and frightened the guests. But Edward Rochester, he had a convenient explanation ready for them. It was one of the servants, he said, a servant having a bad dream.

Mr. R: That's all it was, a bad dream. Now since these halls are inclined to be drafty, I suggest you all return to your rooms. Lady Ingram, you set the good example.

L.I: Good night to you all again. Come, Blanche.

Bl: But I'm quite disappointed in you, Edward. I was so looking forward to seeing you shoot a robber. Weren't you, mother?

L.I: Oh, less of your levity, Blanche, and get back to bed. Goodness, it's almost morning!

Bl: Good night, Edward. And good morning.

Mr. R: Sweet dream, my courageous Blanche. There'll be no more disturbances, I promise you.

5

Mr. R: Jane, Jane, are you awake?
J.E: Yes.
Mr. R: Come with me quickly.
J.E: We're going up there ... to the tower?
Mr. R: Yes. You don't turn sick at the sight of blood, do you?
J.E: I've never been tried. I don't think so.
Mr. R: Give me your hand. It won't do to risk a faint. Your hand is warm and steady. Jane, what you see may shock and frighten and confuse you. I beg you not to seek an explanation ... only to trust me. Can you do that?
J.E: I can do that.

6

J.E: In the tower there was a bed. On it, bloody and unconscious, was a man. There was a door on the other side of the small room. It was secured with a heavy chain. From beyond it came horrible sound of sobbing, scratching, now and then, the voice of Grace Poole. But I had time neither to think nor to become frightened.

Mr. R: Jane, I must get Doctor Rivers. This means leaving you alone here with this gentleman. You will sponge the blood as I do now. If he regains consciousness, do not speak to him on any account. Is that clear, Jane?

J.E: Yes.

Mr. R: Whatever happens, do not move from here or open that door. I'll be back as quickly as I can.

7

Mr. R: There is your patient, Dr. Rivers. Jane, are you all right?

J.E: I'm all right. He has regained consciousness.

Mr. R: We have twenty minutes, Doctor, for dressing the wound and getting the patient out of here.

Doc: So you told me.

Mr. M: Wait a minute.

Mr. R: Mason.

Mr. M: I'm ... I'm done for, I fear.

Mr. R: That's nonsense, you've lost a little blood, that's all.

Mr. M: She sank her teeth into me like a tigress.

Doc: It will be better if you don't talk. Let me get to work.

Mr. M: She said she'd drain my heart ....

Mr. R: Be silent, Mason. Jane ....

J.E:	Yes.
Mr. R:	Go downstairs quietly. Unbolt the side passage door. You'll find Dr. Rivers' carriage down there. See that the driver's ready to leave the moment we come down.
J.E:	Yes, sir.
Mr. R:	Shall I help you, Doctor?
Doc:	No. This will be painful, Mason. It can't be helped.
Mr. M:	Ow ... Ugh..
Mr. R:	I told you not to come here, Mason!
Mr. M:	I...I thought I could do some good.
Mr. R:	You thought ... you thought.
Doc:	Lie still, please.
Mr. R:	I've tried so long to avoid exposure. I shall make very certain it doesn't come now. Dr. Rivers will take you to his home. You'll remain there until you are well.
Mr. M:	Edward.

Mr. R: Yes.

Mr. M: Let her be taken care of. Please let her be treated as tenderly as may be.

Mr. R: I do my best, and I have done it and will do it. Yet, would to God that there were an end to all this.

8

Mr. R: They are gone, Jane. Mason and Dr. Rivers.

J.E: Yes. And it's daylight again.

Mr. R: I promised I'd turn to you for help. I didn't know it would be so soon.

J.E: I'm thankful I was here.

Mr. R: We ... we could walk for a moment in the garden, Jane. It's so fresh and clean there.

J.E: Mr. Rochester, will Grace Poole live here still?

Mr. R: Yes, Grace Poole will stay. Don't ask for explanations. Just believe me when I

	tell you there are good reasons for it. You're my friend, Jane, aren't you?
J.E:	I like to serve you in everything that's right.
Mr. R:	And if I asked you to do something that was wrong, what then? I know the answer. Quietly you'd say, "Oh, no, sir, it's impossible."
J.E:	Would I?
Mr. R:	Jane, imagine you're a young man, thoughtless and spoilt since childhood.

	Imagine yourself in a far-off land. Conceive that you there commit a capital error — one that cuts you off from all possibility of human joys and then suddenly, imagine that Fate offers you the chance of regeneration and true happiness. Are you justified in overleaping the obstacles of mere custom? Tell me, Jane, are you justified?
J.E:	How can I answer that? Every conscience must come to its own decision.
Mr. R:	But when one can't come to a decision? If you are afraid that you may bring shame to what you most cherish, or destroy what you most desire to protect? Oh, Jane, don't you curse me for plaguing you like this?
J.E:	No, I don't curse you.
Mr. R:	Give me your assurance on that. Your hand. Your fingers are cold. They were warmer last night. Jane, will you watch

	with me again ... another night?
J.E:	Whenever I can be useful.
Mr. R:	For instance, the night before I'm married, will you sit with me then?
J.E:	You're going to be married?
Mr. R:	Some time. Why not?
Bl:	What makes you think he's in the stable?
Adè:	Mr. Rochester often rides before breakfast.
Bl:	Oh, what a place to be looking for him!
J.E:	That's Adèle.
Mr. R:	And the delectable Miss Ingram. Blanche!
Bl:	Edward, is that you?
Adè:	Uncle Edward!
Bl:	What do you mean by running off like this so early?
Mr. R:	Excuse me, Jane. And what do you mean by rising so early?
Bl:	A correct host entertains his guests.

Mr. R: My dear Blanche, when will you learn I was never correct and never will be? Come along.

9

(Piano Music)

Mr. R: Well, why do you stop, Blanche? Or, don't you know the rest of it?

Bl: Edward, does that person wish to see you?

Mr. R: Person? Oh, come in, Miss Eyre.

J.E: I'm sorry, sir, I did not know you were occupied.

Mr. R: I'm sure Miss Ingram will excuse me for a moment.

Bl: Certainly. But don't forget it, Edward. You promised to show me the estate.

Mr. R: Well, Jane?

J.E: I overheard some of the guests at the luncheon. They mentioned you were leaving with them in the morning. I wish

	to ask for a reference, sir.
Mr. R:	Reference? What the deuce do you want a reference for?
J.E:	So I might look for a new place. You as much as told me you were going to be married.
Mr. R:	Well?
J.E:	In which case, Adèle would likely go off somewhere to school.
Mr. R:	I see Adèle must go off to school and you must go to the devil, is that it?
J.E:	I hope not, sir.
Mr. R:	When the time comes for you to get a new situation, I will get one for you. Do you hear?
J.E:	Very well. I may not see you again before you leave. Good-bye, Mr. Rochester.
Mr. R:	Good-bye, Miss Eyre. Jane ... Jane, is that all? It seems so dry and stingy. Won't you do more than say good-bye?

Oh, your hand. You'll shake my hand. Good-bye, Jane.

10

Mr. R: And now you've seen it all, Blanche, the fields, the forests and now the garden.

Bl: Oh, it's such a beautiful place, your Thornfield.

Mr. R: Aa a dungeon, it serves its purpose.

Bl: Dungeon? It's a paradise — a haven — a haven of peace and love.

Mr. R: Who's talking of love? Distraction is what a man needs, distraction to keep him from peering too closely into the mysteries of his heart.

Bl: I sometimes wonder if you have a heart, Edward.

Mr. R: Have I ever said anything to make you believe I have?

Bl: Edward, are you never serious?

Mr. R: Never more than at this moment

except, perhaps, when I'm eating my dinner.

Bl: Really you can be so revoltingly coarse at times.

Mr. R: Can I ever be anything else?

Bl: Would I have come to Thornfield if I thought you couldn't?

Mr. R: Well, now we have something to consider. First Mr. Rochester is revoltingly coarse and ugly as sin ....

Bl: Edward, I never ....

Mr. R: Second, he is extremely careful never to talk of love or marriage. However, this is the third point — the Ingrams are somewhat impoverished whereas revolting Mr. Rochester has an assured income of eight thousand pounds a year.

Bl: Edward!

Mr. R: Now in view of all this, what attitude shall Miss Blanche be expected to take? From what I know of the world, I'd surmise she'd ignore the coarseness, etc. etc. until such time as Mr. Rochester is safely hooked.

Bl: How dare you!

Mr. R: Now, no, no horseplay.

Bl: I've never been so insulted in my life!

Mr. R: Blanche, I have just paid you the enormous compliment of being completely honest.

Bl: You are a boor and a cur. Leave me at once.

11

Mr. R: My guests have gone, Jane, all gone. And we are alone again.

J.E: I will be leaving, too, Mr. Rochester.

Mr. R: Soon to forget me!

J.E: I will never forget...forget you. You know that, but I see the necessity of going. It's like looking on the necessity of death.

Mr. R: Where do you see that necessity?

J.E: In your bride.

Mr. R: My bride? I have no bride.

J.E: But you will have.

Mr. R: Yes, I will ... I will.

J.E: So you think I could stay here to become nothing to you! Do you think because I'm ... I'm poor and obscure and plain, that I'm soulless and heartless? I have as much soul as you, and fully as much heart! And if God had gifted me with wealth and beauty, I should have made it as difficult for you to leave me as it is now for me to leave you. Oh, there! There! I've spoken my heart. Now let me go.

Mr. R: Jane ... Jane ... you strange, you almost unearthly thing. You that I love as my own flesh!

J.E: Don't mock me.

Mr. R: I have no love for Blanche. It's you I

	want. Answer me, Jane! Quickly ... say, "Edward, I'll marry you"... say it ... say it, Jane. Say, "Edward, I'll marry you."
J.E:	Edward, I'll marry you.
Mr. R:	God forgive me!
J.E:	Edward!
Mr. R:	God forgive me!

ACT 3

1

J.E: All my doubts, all the grim shadows that hung over Thornfield Hall were shattered and gone. I loved and I was loved. Spring had come to the earth and spring had come to my heart. Two weeks later Edward and I were in a little church in the village, my hand in his. As now, it would be forever. The minister has started the marriage ceremony.

Min: .... assured that if any persons are joined together otherwise than as the word of God allows, then are they not joined by God. Therefore, Edward Rochester and you Jane Eyre, if either of you know any impediment why you may not lawfully be joined in matrimony you do now confess it. Edward Rochester, wilt thou have this woman to be thy wedded wife?

Mr. M: Wait! I declare the existence of an impediment.

Mr. R: Proceed with the ceremony.

Mr. M: You cannot proceed. Mr. Rochester has a wife now living.

Min: Who are you?

Mr. M: My name is Mason. On the twentieth of October, 1824, Edward Rochester was married to my sister — Bertha Mason at St. Mary's Church, Spanish Town, Jamaica. The record of the marriage will be found on the register of that church.

Min: You swear you're speaking the truth?

Mr. M: I swear it! My sister is living now in Thornfield Hall. I've seen her there myself.

Mr. R: Parson, close your book. There'll be no wedding today! Instead, I invite you to my house to meet Grace Poole's patient — my wife.

2

J.E: It seemed without end, the journey back to Thornfield Hall. On the way we stopped to get Dr. Rivers. Edward insisted he come back with us. That is all I remember on the ride back. If words were spoken, I did not hear them. And then at length I found myself with Grace Poole and the others standing again in the tower-room. There was a rattle and unlocking of chains and the door opened. And the wife of Edward Rochester stood before him. Screaming, she flung herself upon him, her eager hands tore for his throat. But she had no time to do any harm. Grace Poole and the doctor sprang upon her. When they returned, and the door was shut again, and the chains fastened, only then did Edward speak to us.

Mr. R: The woman you've seen is my wife. Mad, the mad offspring of a mad family, to whom the church and law bind me forever without hope of divorce. And this is what I wished to have. This young girl who stands among you now, so grave and quiet at the mouth of hell. Look at the difference and then judge me.

❸

Mr. R: They're gone, Jane. May I come in?

J.E: Yes.

Mr. R: Jane, I did not even know her. I was married at nineteen in Spanish Town to a bride already courted for me. But I married her. Gross, groveling, mole-eyed blockhead that I was! Jane, do you hear me? I suffered all the agonies of a man bound to a wife at once intemperate and unchaste. I watched her excesses drive her at last into madness. Then I brought her back to England to Thornfield. Jane, I did everything that God and humanity demanded. Then I fled from this place. My fixed desire was to find a woman I could love, a contrast to the fury I had left here. And what did I find? An actress in Vienna, a milliner in Naples, a countess in Warsaw. Back in England I rode again in sight of Thornfield. Someone ... someone was walking there in the mist. A strange, elfin-like creature. She frightened my horse and then came up and gravely offered me help and her hand. And then later that evening ... Jane, do you remember?

J.E: I remember.

Mr. R: You came into that room. How shy you were! And yet, how readily you answered my surly questioning! And then you smiled at me. And in that moment I knew I had found you. Jane ... can you forgive me?

J.E: I do forgive you.

Mr. R: And you can still love me?

J.E: I love you with all my heart. I can say it now since it is for the last time.

Mr. R: Do you mean to go one way in the world and let me go another? Stay with me, Jane. We'd be hurting no one.

J.E: We should be hurting ourselves.

Mr. R: Would it be so wicked to be near me? Would it?

J.E: I'm leaving, Edward. Surely you know that I must.

Mr. R: You will not be my comforter, my rescuer? Jane, my deep love, my frantic prayer, are they nothing to you?

J.E: Good-bye, Edward. God bless you! God keep you from harm and wrong!

Mr. R: Jane! Jane!

4

J.E: I had only one place to go...away from him... anywhere that would be away from him. But without references it was impossible to find an employment. I soon intimately knew hunger and unsheltered nights. At last without help...or hope...I turned like a beaten dog back to Lowood. Mr. Brocklehurst forgot his word never to open its doors to me again.

Mr. B: So you're back, Eyre! Penitent and humble, I suppose. Pleading for mercy and prepared as ever, I dare say, to return our favours with your accustomed deceit?

J.E: If there is a place for me here, I'm ready to beg for it.

Mr. B: You would like to become a teacher, Eyre?

J.E:	Yes, sir.
Mr. B:	We need no teachers. We have need of a girl in the scullery. Do you want it or not?
J.E:	Yes, I'll stay.
Mr. B:	Get in the kitchen, then?
J.E:	Yes, sir.
Mr. B:	Wait! Some months ago I had repeated inquiries as to your whereabouts from a Mr. Edward Rochester. Obviously I was unable to assist him.
J.E:	I know no Edward Rochester.
Mr. B:	I didn't ask you. It makes little difference if you do or not. In his last letter, thanking me for my kindness, he said, he was leaving England forever.

5

J.E:	The summer passed. It was fall again. And then one day the watchman's wife came looking for me.

W.W: Jane, there's a gentleman to see you, outside in the corridor.

J.E: I don't want to see him. I don't want to see anyone.

W.W: I told him you'd come right out.

J.E: Well, tell him you were mistaken.

W.W: Oh, girl, girl, living all to yourself, killing yourself in this cheerless place. Send him away if you want. But at least see him.

J.E: Who is he?

W.W: A Doctor Rivers.

J.E: Thank you.

★   ★

Doc: Jane, it is you!

J.E: Yes, Dr. Rivers.

Doc: But you look ... oh, forgive me. Have your been ill?

J.E: I...I mean no rudeness, but you're not here to inquire about my health?

Doc: No, Jane. I'm here at the request of a

friend.

J.E: How did you know I was at Lowood?

Doc: I didn't. But I've been trying to find you. I received a letter about you the other day. My friend asked if I, in my journeys about, would inquire after you. Well I ... I happened to see the Reverend Brocklehurst.

J.E: Have you answered your friend?

Doc: How could I, Jane? I've just found you.

J.E: No, you haven't found me, Doctor. You tried but no one knows where I am.

Doc: Edward is back in England, Jane. He's at Thornfield Hall again. He's searched for you everywhere.

J.E: I beg you to tell him nothing.

Doc: But why, Jane?

J.E: No one knows better than you why.

Doc: Yes. It's for you to say, Jane. If you'd rather I didn't answer him at all, well, then I won't.

J.E: I'd rather you didn't answer at all. Good-bye, Doctor.

Doc: Good-bye, Jane.

6

J.E: "Jane! ... Jane!" Oh, his voice ... night after night ... I started to hear it. "Jane!" Oh, I struggled to shut my ears from it, but I could not. "Jane!" It was like a soul in pain ... a wild and urgent cry ... "Jane!" more than I could bear. I would see him once again ... speak with him again and after that ... I neither knew nor cared what happened to me. All I knew was that I must go and go quickly.

7

J.E: I reached the estate, but Thornfield Hall was no more. Fire had destroyed it all. I was staring at the pile of charred and blackened lumber, when Mrs. Fairfax saw me. She came running from the gardener's cottage.

Mrs. F: Oh, Jane. Oh, my poor, poor girl!
J.E: What happened?
Mrs. F: It was she who did it. She killed Grace

Poole as she slept and set fire to Thornfield. Her laughing roused us. I ran to the nursery and carried Adèle to the garden. As I stood there, I heard the laugh again. She was on the roof. Mr. Edward was just coming from the house. He said nothing, but turned and ran back into the flames. I saw him get to the roof and make his way toward her. She saw him, too. She ran to the edge and jumped. When we reached her, she was dead.

J.E: Edward! Edward!

Mrs. F: As he was coming down, the great staircase fell. He was badly hurt.

Mr. R: Mrs. Fairfax?

Mrs. F: Yes, sir.

Mr. R: What the devil are you doing? Adèle is waiting for her supper.

Mrs. F: I'm coming, sir.

Mr. R: Is someone with you? Who is it? Who are you?

Mrs. F:	His eyes. He's ... he's blind.
J.E:	Edward, I've come back. Edward!
Mr. R:	Jane! Jane! Her small soft fingers. Her hair. Her little flower-soft face.
J.E:	And her heart, too.
Mr. R:	Jane! All you can feel now is pity ... I won't have your pity.
J.E:	Oh, Edward!
Mr. R:	You can't spend your life with the ruins of a man. You're young...so fresh.
J.E:	Oh, don't, don't ... send me away. Please don't send me away.
Mr. R:	You think I want to let you go? Oh, my darling!

8

J.E: As the months went by, he came to see the heavens once more. To see first the glory of the sun, and then the mild splendour of the moon and at last the evening star. And then, one day, as our first-born was put into his arms, he could see that the boy had his own eyes as they once were, large, and brilliant, and black.

THE END

語句の解説

ACT1

(1)

page	line	
1	3	all that mattered ＝ all that were important
	12	be aware of ～「～を知っている」
	15	supervisor「監督」
	16	institution　孤児院のような「施設」のこと。
	18	leave to ～「～する許可」
2	7	portal　大きな建物の「入口」だが，ここでは建物をさしている。
	8	in return「返礼として」
	8	nothing short of ～「まったく～」cf. It was nothing short of a miracle.「それはまったく奇跡であった」 demand nothing short of absolute obedience「絶対に従順ということを要求する」
	12	From what ～ ＝ Judging from what ～「～から判断すれば」
	16	there is no sight so terrible as a wicked child「悪い子を見ることが最も恐ろしいことだ」
	21	Get to your knees.「ひざまずきなさい」
3	1	for the salvation of your soul ＝ to save your soul

(2)

	5	somber「くすんだ，陰うつな」
	5	in the guise of Christian charity「キリスト教的愛を装って」　皮肉な言い方。guise は「うわべ，見せかけ」

page	line	
	6	body and soul alike＝both body and soul
	11	Shun her example「彼女のまねをしないように」
	12	her company「彼女との交際」
	14	the evil one「悪魔」

the evil one has *found* in her *a* willing servant「彼女は悪魔の思いのままになっている」cf. I found in him a true friend.「彼は私の真の友となった」

（3）

4	2	had nothing to cling to「頼るものは何もなかった」
	3	the very anguish that was Lowood bound us「ロウウッドという苦悩そのものがかえって私たちを結びつけた」very は形容詞で anguish（苦悩）を強めたもの。
	5	barren「子を生まない，実を結ばない」
	8	Little did I imagine 〜＝Never did I imagine 〜
	9	unregenerate「罪深い，生まれ変わらない」
	13	have seen fit to 〜「〜するのをふさわしいと思った」
	13	bestow 〜 upon ...「〜を…に与える」
	18	The ingratitude!「恩知らずめ」
5	3	Wilful, stiff-necked as ever「あいかわらず片意地な，がんこな」 as ever は「あいかわらず」
	3	we've been sadly deceived in you「私たちはおまえをひどく見損なっていた」

page	line	
	17	persist in 〜「〜を押し通す」
	18	this haven「この安息所」 Lowood をさす。

（4）

6	7	loomed「ぼうっと現れた」
	7	beyond anything I had visioned「想像がつかなかったほどの」
	9	with massive stone walls butted out into 〜「どっしりした石垣が〜に突き出ていた」 この with は付帯状況を表す。
	10	the ramparts of a fortress「要さいの城壁」
	19	Living here ..., it's ... この it は Living here ... をさす。
	20	none too 〜「決して〜でない」cf. I got home none too soon.「私はちょうどよいときに来た」
7	1	to have a word with「言葉を交わすのに」
	8	Is it not your daughter to whom I shall be governess?「私はあなたのお嬢さんの家庭教師になるのではありませんか」 この Is it 〜は強意形式に用いられたもので, not your daughter を強めている。
	10	Oh, gracious no.「おやまあ, 違いますよ」 gracious は驚きを表す間投詞。
8	4	remain away「留守をする」

page	line	
		(5)
	11	won me over「私を仲間［味方］にしてしまった」
	14	Mimi「かわいい子」 仏語で小児用語である。
9	3	This very moment?「すぐ（ダンスをしてもらいたいと思うの）ですか」
10	15	be concerned「心配する」
		(6)
11	4	with the road ahead inviting and invisible ＝ and the road ahead was inviting and invisible
	4	the road ahead「行く手の道」
	7	out of nowhere「どこからともなく」
	13	What the devil 〜 ?「いったいどういう（つもりなのか）」 the devil は what を強めるために付加されたもの。
	16	Apologies won't mend my ankle!「わびを言ったって私の足首は治らない」
12	1	fit to ride「馬に乗れる」 fit は「適当な」の意。
	10	now I have broken no bones「私は骨は折らなかったから」 now (that) は接続詞。
	15	stand clear「離れて立つ，離れる」
		(7)
13	3	Rode in on us ＝ He rode in on us「前ぶれもなく馬で乗り入れてきた」 突然帰ってきたことで，on us の on は襲う

page	line	
		という感じを出したもの。
14	4	tenacious of life「しんぼう強い」
	6	came on me「私に近づいた，私を襲った」 前に出た rode in on us の on と同じく何か危害を与えられるような感じのときに用いられる。
	8	had half a mind to 〜「〜しようかと思った」
	18	you rushed here just in time to 〜「ここにはせ参じて〜するのにちょうど間に合ったというわけだね」
15	2	Go into the drawing room! I mean, if you please.「応接室に入れ，どうぞ入ってください」 I mean, if you please. は前の言葉があまりにも命令調になったので，語気を和らげるために付加したもの。
	3	Go on.「さあさあ」 行動を促す言葉。

(8)

	16	cross of fate「悲運」
	18	scarcely 〜 when … 「〜するやいなや…」
16	12	a person we have to do the sewing「私たちが針仕事をしてもらっている人」
	15	how did you get on with 〜 ?「〜とはうまくいったのですか」
	19	he has his moods「彼は気が変わりやすい」
17	1	Why (should allowances be made) for him 〜?

page	line	
	2	Partly because 〜, and partly because … 「1つには〜の理由で，また1つには…の理由で」

(9)

	16	something of a puzzle「得体の知れない」
18	4	turn away「顔をそむける」
	13	Fortune「運命の神」
	14	kneaded me with her knuckles「(運命の神が)その手で私を作り上げた」 knuckles は「指関節」だがここでは「手」を意味する。
	15	I flatter myself 〜「私は〜だとうぬぼれている」
19	16	on that mercenary ground「金銭上の理由で」
	17	bully「いじめる」
	20	inquire of my feelings「私の気持ちを尋ねる」 この of は「〜について」の意。
	20	as your equal「あなたと対等のものとして」
20	2	mistake 〜 for … 「〜を…とまちがえる」

(10)

21	14	avenge yourself upon 〜「〜に復しゅうをする」

(11)

22	10	padding「(足を)踏みならすこと」
	15	Just a crack.「わずかな開きだった」

page	line	
		(12)
24	5	it glimmered its way「(ろうそくの火が)明滅しながら下りてきた」
25	4	be alarmed「心配する」
	11	has dancing in her blood「彼女の血の中にはダンスの血が流れている」
	11	(has) ... coquetry in the very marrow of her bones「彼女の骨の髄にはこびが入りこんでいる」
	18	the image of her「彼女そっくり」
26	1	touching「人の心を動かす」
	4	the loveless ... and unfriended「愛のない者や寄るべのない人々」
	6	When it's deserved.「それだけの価値があるときには」

ACT 2
(1)

27	1	the balance of that night「その晩の後は」
	6	brooding「物思いに沈む」
	8	searching「身にしみる,鋭い」

(2)

28	20	snarling「うなっている」
29	1	thudding「どしん,どしんという(音)」

page	line	
	4	rooted me「私を動けなくさせた」

（3）

30	6	continued ... unsolved「未解決の…ままだった」
	11	descended suddenly upon 〜「〜を突然襲った」 突然戻ってきたことである。
31	8	a few words more and there will be tears in your eyes「もう少し話をしたら，涙が出ることだろう」
	10	swimming「涙があふれている」
	14	What the devil ...? Janeとの話を中断されたから，その気持ちを言葉に表して the devil（畜生）を付加した。
32	2	Trouble and danger and hideous recollection far away.「苦悩や危険や忌まわしい思い出などから遠く離れたところで」
	17	As well as I could.「できるだけ（よく）」 前文の comfort に意味がかかっている。

（4）

33	8	That's all it was, a bad dream.「それだけですよ，悪夢だったのです」
	9	since these halls are inclined to be drafty「廊下ではすきま風が入りがちですから」
	16	see you shoot 〜「あなたが〜を撃つのを見る」
	18	Oh, less of your levity「まあ，軽はずみなことはよして」

page	line	
	19	Goodness …!「おや」　間投詞で驚きの声。

(5)

34	12	It won't do to risk a faint.「気を失うといけない」cf. It won't do to be rude to strangers.「知らぬ人に失礼にしてはいけない」

(6)

35	5	scratching「ひっかくこと」　sound of 〜に続く。
	12	not 〜 on any account「どんなことがあっても〜しない」

(7)

36	11	I'm done for「私はやられた，だめだ」
	18	drain my heart「私の心臓（の血）を吸いつくす」
37	9	It can't be helped.「しかたがない」
	13	do some good「何か役にたつ」
	16	I shall make very certain it doesn't come now.「今度もばれないように必ずするよ」
38	2	Let her be taken care of.＝Take care of her.
	2	let her be treated as tenderly as may be「できるだけやさしくやってくれ」
	5	would to God that 〜「〜ならいいんだが」

(8)

39	11	spoilt「甘やかされた」
40	7	(be) justified in 〜「〜を正当化される，〜してもかまわな

page	line	
	19	Give me your assurance on that.「そのこと（の保証を与えてくれ）を約束してくれ」
	21	watch「起きている」
41	11	what a place 〜「〜するに何という（いやな）ところでしょう」
	13	delectable「不愉快な」　反語的に用いたもの。
	19	Excuse me, Jane.「ジェーン，失礼するよ」 以下はロチェスターがジェーンから離れて，ブランシュに向かってする会話である。
	21	A correct host entertains his guests.「正式の主人役だったらお客をもてなすものです」

(9)

42	10	I did not know you were occupied「お忙しいとは知りませんでした」
	12	I'm sure Miss Ingram will excuse me for a moment「イングラム嬢しばらく席を外してください」
	14	Certainly.「かしこまりました」
	16	Well, Jane?「ではジェーン，何だね」
43	1	ask for a reference「照会状を請求する」
	2	What the deuce 〜 for?「いったい何のために〜か」　the deuce は What の意味を強めるために付加したもの。

page	line	
	4	You as much as told me (that) 〜「あなたは私に〜とさえおっしゃいました」as much as＝even
	7	Well?「それで？」
	11	is that it?「そうなのか？」
	14	I will get one for you.「新しい就職口を探してやる」
	14	one＝a new situation

(10)

44	7	As a dungeon, it serves its purpose.「ろう獄としてなら目的にかないます」
	10	distraction「気晴らし」
	11	keep him from peering 〜「〜をのぞきこませないようにする」
	12	peering too closely into the mysteries of his heart「心の秘密をあまりに深く見つめすぎること」
	19	Never more than at this moment except, perhaps when I'm eating 〜「食事をしているときを除いたら、今ほどまじめなことは決してない」 前文の serious という言葉を受けている。すなわち [I am] never more [serious] than at …
45	3	revoltingly coarse「胸が悪くなるほど粗野な」
	10	ugly as sin「(罪のように醜い) この上なく醜悪な,邪悪な」
	15	impoverished「貧困に陥っている」

page	line	
	15	whereas「ところが」
	19	in view of all this「このことをすべて考えると」
46	4	How dare you!「よくもまあ（そんなことが言える）」
	10	boor「粗野ないなか者」
	10	cur「野良犬，ろくでなし」

(11)

	18	It's like looking on the necessity of death.「（別れなければならないのは）死を避けることができないのと同じようなもの」
47	6	stay here to become nothing to you「あなたにとって何でもない人間になっても，ここにとどまる」nothing＝something of no importance
	9	I have as much soul as you, and fully as much heart!「私もあなたと同じくらい魂があり，また十分にあなたと同じくらい心ももっています」
	12	I should have made it as difficult for you to leave me as it is now for me to leave you「私が今あなたのもとから立ち去りがたいのと同じように，あなたも私と別れがたい気持ちになったでしょうに」 it は for you to leave me をさし，as difficult は後の as に続いて as difficult ... as ～（～と同じように…は difficult）と接続する。
	14	Oh, there! There!「さあ，さあ」 間投詞である。

page	line	
48	5	God forgive me!＝May God forgive me!「神よ，私を許したまえ」 祈願文である。なぜこのような言葉が出たかは次の場面で明らかになる。

ACT3
(1)

49	8	〔For be ye well〕assured that 〜「〜を確信せよ」
	9	otherwise than 〜「〜とは別のやりかたで」
	14	you do now confess it「今そのことを告白せよ」 これは命令文である。
50	5	Who are you? 牧師がメイソンに対して聞いている。

(2)

51	1	It seemed 〜, the journey back to …「…への帰りの旅は〜と思われた」 この it は後の the journey をさす。口語体の文にはよくある表現である。
	3	Edward insisted (that) he (should) come back with us.「エドワードは医師もいっしょに連れて戻ると主張した」
	10	her eager hands tore for his throat「彼女の手はしきりに彼ののどを引き裂こうとした」
	13	sprang upon 〜「〜に飛びかかった」

(3)

52	9	gross「みっともない，ひどい」

page	line	
	9	groveling「浅ましい，こびへつらう」
	9	mole-eyed「もぐらの目をもった→目が見えない」
	10	blockhead「でくのぼう」
	10	blockhead that I was「私はほんとうにでくのぼうだった」cf. Fool that I am！私はなんとばかなんだろう。この that は補語になっている関係代名詞である。
	12	a wife at once intemperate and unchaste「大酒飲みでかつ不貞な妻」 at once 〜 and ...＝both 〜 and ...
	13	excesses「不行跡」
	13	drive her into madness＝drive her mad「彼女を狂わせる」
	19	fury「(鬼女のような) 狂暴な女」
53	2	milliner「婦人帽子屋」
	4	in sight of 〜「〜の見える所に」
55	1	God bless you!「神のご加護がありますように！」

(4)

	7	unsheltered nights「雨・風をよけられない夜→野宿した夜」
	8	turned ... back to 〜「〜に戻った」
	12	penitent「後悔して」
	14	prepared ... to 〜「〜する覚悟をして」
	14	as ever「あいかわらず」
	14	I dare say「たぶん」
	14	return our favours with 〜「われわれの好意に〜で報い

page	line	
		る」
	16	be ready to beg for ～「すすんで～を請う，～をお願いいたします」
56	3	scullery「（調理室に付属した）流し場，食器置き場」
	13	It makes little difference if you ～ or not.「きみが～してもしなくてもほとんど変わらない」

(5)

57	7	living all to yourself「だれにも会わないで，まったく1人きりで暮らす」
	12	a Doctor Rivers「リヴァース医師という人」
	14	Jane, it is you!「ジェーン，あなたですね」
58	5	journeys about「あちこちの旅行」

(6)

59	8	more than I could bear「たえることのできない（叫び声）」これは cry にかかる。
	8	I would see ～＝I wish to see ～

(7)

60	4	charred「焦げた」
61	8	make his way toward ～「～のほうに向かって進む」
62	4	flower-soft「花のようにやわらかい」
	5	And her heart, too. ロチェスターの前のせりふ Her ... fingers. Her hair. Her ... face を受けて，ジェーンのほうで

page	line	
		her heart, too と言ったのである。
	9	**the ruins of a man**「男の残がい」

(8)

| | 15 | **the heavens** ＝ the sky |

〈イングリッシュトレジャリー・シリーズ③〉
ジェーン・エア

2000年8月25日　初版発行Ⓒ　　　　（定価はカバーに表示）

訳注者　小泉　龍雄
発行人　井村　敦
発行所　㈱語学春秋社
　　　　東京都千代田区三崎町2-9-10
　　　　電話 (03)3263-2894　振替 00100-7-122229
　　　　FAX (03)3234-0668
印刷所　文唱堂印刷
写真提供　MGM映画・フィルムライブラリー

落丁・乱丁本はお取替えいたします。

イングリッシュ 宝箱 トレジャリー
英語の宝箱 3
ENGLISH TREASURY

ジェーン・エア
Jane Eyre

C.ブロンテ

〈別冊全訳〉

GOGAKU SHUNJUSHA

第 1 幕

(1)

ジェーン　私の名前はジェーン・エア。1820年，英国の厳しい変化の時期に生まれました。お金と身分がすべての時代でした。慈善とは冷たい不愉快な言葉であり，宗教も頑迷と卑劣を隠す仮面にすぎないことがあまりにもよくありました。子どものころ，私には身寄りもなく，伯母が1人いただけでした。私は，この伯母からやさしい言葉のひとかけらもただの1度としてかけてもらった覚えがありません。10歳のとき，伯母は私を学校へやりました。ロウウッドというところでした。

ブロックルハースト　何の用だね？
ジェーン　私は新入生のジェーン・エアです。
ブロックルハースト　私がだれなのか知っているのかね，エア。
ジェーン　ブロックルハースト先生でしょう。
ブロックルハースト　そのとおりだ。私はこの施設の監督だ。
ジェーン　施設ですって？
ブロックルハースト　質問してもいいと言ったかね。
ジェーン　いいえ。
ブロックルハースト　たぶん施設という言葉にとまどっているのだな。
ジェーン　失礼ですが，ここは学校だと思っていたんです。
ブロックルハースト　ロウウッドは保護施設なのだ，エア。貧乏人や孤児を保護するところなのだ。これらの門が開かれていなければ，そういう人たちは住む家もなくなってしまう。ここではすべてが与えられる。返礼として求められるのは絶対の服従と慎みだけだ。

ジェーン	私はよい子になろうと努めてきました。
ブロックルハースト	おまえは、気の毒な伯母さんを苦しめることばかりしてきた。伯母さんの話を聞いても、おまえのふるまいをちょっと見ただけで、おまえは手に負えない悪い子とすぐわかるよ。
ジェーン	そんなことありません。
ブロックルハースト	この世で心のねじけた子どもを見るほど恐ろしいことはない。しかし約束するが、ここにいれば、おまえの悪いところはすべて追い払われるであろう。エァ！
ジェーン	はい。
ブロックルハースト	ひざまずきなさい。おまえの魂を救うためにいっしょにお祈りをするのだ。

(2)

ジェーン	こんなふうにして私はロウウッドに入ったのです。そこはまるで監獄のように、暗く冷たいところでした。でも、ブロックルハーストの陰険さ、冷酷さはその比ではありませんでした。陰気な壁を通してその手は至る所に伸び、キリスト教的な慈善を装い、身も心をもいためつけたのでした。私がここに着いて2週間後、彼は子どもたち全員を集める口実を見つけ、私にみんなの前で腰掛の上に立つように命じました。
ブロックルハースト	生徒諸君、この子をよく見るのだ。この子に心を許さないように。この子のまねをしないように。また交際も避けるように。そして先生方！ この子を十分に監視なさるんですぞ。その

魂を救うために体罰を与えなさい。すでに悪魔はこの子を、自分の意のままになる召使いにしてしまったのです。この子はこの腰掛の上に、12時間立たせておきます。では、めいめいの教室へ戻りなさい。

（3）

ジェーン　私たちロウウッドの子どもは、華やかに育ったとはいえないにせよ、少なくとも生きのびることはできました。頼るものといえば、お互いしかなかったというのがほんとうのところです。しかし、ロウウッドという苦悩そのものが、かえって私たちを緊密に結びつけることになったのです。そこでは生活が実を結ぶことはありませんでした。私はそのことを知っています。10年間もそこにいたのですから。私の20歳の誕生日が過ぎてまもなくのこと、ブロックルハーストは私をよびました。

ブロックルハースト　エァ、今は厳粛な時だよ。この施設に私が受け入れた罪深い子が、瞬く間に過ぎた10年の歳月の後、その教師の1人になろうとは、想像したことさえなかった。

ジェーン　教師ですって？

ブロックルハースト　おまえがその名誉を受けるにふさわしいと、理事たちはみているのだ。

ジェーン　でも私は…私はその申し出をお受けすることはできません。

ブロックルハースト　それはまたなぜだ？

ジェーン　私はロウウッドにとどまりたくありません。

ブロックルハースト	あきれたことを言う。恩知らずめが！
ジェーン	私は働きづめの過酷な10年間を過ごしてきました。それに対して恩など感じることはできません。
ブロックルハースト	あいかわらず片意地でがんこな。おまえをひどく見損(みそこ)なっていた。それでどこへ行くつもりなのだ。
ジェーン	世の中へ出ます。私はまだ世間というものを見たことがありません。
ブロックルハースト	知己(ちき)も縁故(えんこ)もない青二才貧乏人を、世間がどう扱うか、おまえはわかっているのか。
ジェーン	家庭教師の職を見つけるつもりです。新聞に広告を出しました。
ブロックルハースト	さぞかし、申し込みが殺到したことだろうな！
ジェーン	いいえ。
ブロックルハースト	ばかげてものも言えん。おまえには才能もなければ、容姿もとるに足りぬ。ひとこと言っておくが、エァ、もしおまえがこんな愚かなことをどうしてもやるというのなら、この安息所が2度とおまえのために開かれることは決してないだろう。
ジェーン	私はロウウッドを出ていきます。

(4)

ジェーン	私の広告は、たった1つの返事、フェアファックス夫人という人の署名がある1通の手紙をもたらしただけでした。それにはソーンフィールド館の飾りがついていました。その屋敷に着くのに丸1

日かかりました。最も近い村のところで御者が私を出迎えてくれました。そして2時間ばかり寂しい荒野を馬車に揺られていきました。すると濃い夕やみの中に，めざす館がぼんやりと浮かび上がってきました。それは私が想像もつかなかったほど古色蒼然とした壮大な建物で，大きな塔が暗やみの中にひろがり，どっしりした石垣は要さいの城壁のようにかすみのかかった薄暗がりに突き出ていました。ついにソーンフィールド館に到着したのでした。

フェアファックス夫人	ェァさんですね。
ジェーン	はい，そうです。
フェアファックス夫人	わたくしがフェアファックス夫人です。部屋の中は気持ちよくあたたまっています。さぁ，お体をあたためなさい。
ジェーン	ありがとうございます。
フェアファックス夫人	ェァさん，よく来てくださいました。ここで召使い以外のだれともつきあわずに暮らしていると気がめいってしまいます。気候が厳しくなってからというもの，言葉を交わす人といったら郵便屋と肉屋だけなんですから。
ジェーン	今晩，フェアファックスお嬢さまにお目にかかれますか？
フェアファックス夫人	フェアファックスお嬢さま？　ああ，アデールさんのことですね。
ジェーン	私が家庭教師になるのは，あなたのお嬢さんではないのですか。
フェアファックス夫人	まぁ，とんでもない。アデールさんはフランス人です。明日の朝，お会いになれますよ。アデールさんはエドワードさまに後見されているんです。

ジェーン	エドワードさま？
フェアファックス夫人	エドワード・ロチェスターさまです。ソーンフィールド館の所有主ですわ。
ジェーン	まあ。
フェアファックス夫人	わたくしはただの家政婦です。
ジェーン	その方は今晩私に会ってくださるでしょうか。
フェアファックス夫人	いいえ、今ここにはおられません。あの方がソーンフィールドにおられるのはとてもまれなことなのです。それにあの方はいつも突然、思ってもいないときに来られて、すぐまたお出かけになってしまうんですわ。
ジェーン	まあ、でもフェアファックスさま、こんなに美しいお館ですのに、ロチェスターさまがどうしてここをお留守になされる気になるのか、私には理解しがたいことですわ。
フェアファックス夫人	ほんとうに不思議です。でもエァさん、ロチェスターさまには、変わったところがたくさんおありになるんですよ。あなたのお部屋にご案内いたしましょう。
ジェーン	ありがとうございます。

(5)

ジェーン	翌日はずっとアデールといっしょに過ごしました。アデールは美しく、愛きょうのある子どもでした。私と同じように、この子もまたみなしごの身の上で、私はたちまち彼女の味方になってしまいました。その晩、床の準備をしてやっていたら、彼女は人形を1つ

見せてくれました。

アデール　これ，かわい子ちゃんなのよ，先生。
ジェーン　まあ，すてきなドレスを着ているわね，アデール！
アデール　ママもこんなドレスを持っていたの。これダンス用のドレスなのよ，先生。ママはきれいなダンサーだったの。あたしもダンスできるのよ。ダンスして見せましょうか。
ジェーン　今すぐ，アデール？
アデール　ロチェスターさまみたいな話し方をするのね。おじさまには，いつだってうんと言ってくれるときはないんだわ。
ジェーン　アデール，それであなた悲しくなるの？
アデール　ときどきそうなの，先生。あたしダンスが好き。
ジェーン　私も好きよ。
アデール　とってもたくさんの男の人や女の人がママのダンスを見にきたわ。
ジェーン　どこ…どこの話？
アデール　パリよ。でもママが天国に行かなくてはならなくなったとき，ロチェスターさまが来て，あたしをここに連れてきたの。先生はロチェスターさまのこと好き？
ジェーン　まだお会いしてないのよ。
アデール　階下(した)のあの大きな，とっても大きないす，あれがロチェスターさまのいすよ。ロチェスターさまはあれに座って暖炉をじっと見つめているの…そして顔をしかめるの。

ジェーン	でもきっとあなたにはやさしくしてくださってると思うわ。
アデール	ときどき，ロチェスターさまはきれいなプレゼントをくださるの。でも怒ったときは，それは怖いの。
ジェーン	まあ！
アデール	でも，心配しないでね，先生。ロチェスターさまが先生にやさしくしてくれるように，あたし今夜神さまにお祈りしてあげる。だから，いつまでもあたしのところにいてね。
ジェーン	ありがとう，アデール，ほんとうに。

(6)

ジェーン	その週の後半，夕方もまだ早いうち，私は1人で散歩に出かけました。大気は冷え冷えとしていて，大きな雲のような夕もやが地面にまといついていました。行く手の道はかすんで見えず，私を招き寄せているようで，まるで夢の中を歩いているような心地でした。道がきっと折れていたのに違いありません。というのは，いざというときになるまで，私には何1つ見えず，また聞こえなかったのですから。どこからともなく恐ろしいひづめの音がして，「そこどけ，そこどけ」という半狂乱に叫ぶ男が現れたかと思うと，あっという間に，その人は馬もろとも大地にたたきつけられてしまったのです。
ジェーン	ああ，ああ…。
ロチェスター	いったい，どういうつもりなのだ。
ジェーン	申しわけありません。あなたの馬を驚かせてしまったのですね。何かお役にたつことは？

ロチェスター	わびなどいくら言ってもらったところで私の足首が治るわけではない！そこをどいてくれ。
ジェーン	でも，おけがをなさっています。
ロチェスター	わきにどけといったのだ。
ジェーン	でも，行くわけにはまいりません，あなたがぶじ馬に乗れることがわかるまでは。
ロチェスター	おまえはどこから来たのか？
ジェーン	ちょうどこの下のロチェスターさまのお屋敷からです。
ロチェスター	ロチェスター氏を知っているのか？
ジェーン	いいえ，お会いしたことはありません。
ロチェスター	館の召使いではないな？
ジェーン	私は新しい家庭教師です。
ロチェスター	新しい家庭教師？
ジェーン	そうです。
ロチェスター	私は骨など折っていないのだから，それで満足してくれるのなら，むちをこちらに渡してそこをどいてくれ。
ジェーン	どうぞ。
ロチェスター	ありがとう。ではどうかちょっと道をあけてくれんかね…。
ジェーン	はい，わかりました。

（7）

フェアファックス夫人	ジェーン，ジェーン。

ジェーン	はい，フェアファックスさま。
フェアファックス夫人	さあ，早く，だんなさまが，新しい家庭教師に会いたいと言っておられます。
ジェーン	どなたがですって？
フェアファックス夫人	もちろんロチェスターさまですよ。前ぶれもなく馬で乗りつけておいでです，またひどくご機嫌ななめで。
ジェーン	どこにいらっしゃるのですか。
フェアファックス夫人	家の中です…暖炉の前で…いすに座って。
ジェーン	ありがとうございます。

* *

ロチェスター	はてさて，ェァさん，あなたには舌がないのかな？
ジェーン	お待ちしていました。お言葉をかけられるまで。
ロチェスター	こちらへ来なさい。今度馬に乗った人に会ったら，通り過ぎてしまうまで道の真ん中に飛び出さないようにするのですぞ。
ジェーン	決して，故意にいたしたのではありません。
ロチェスター	ェァさん，お掛けなさい。
ジェーン	はい。
ロチェスター	どこから来たのかね？
ジェーン	ロウウッド学院です。
ロチェスター	それは何だね？
ジェーン	慈善学校です。私はそこに10年間おりました。
ロチェスター	10年も？　慈善学校に？　きみはなかなかしんぼう強いと見える。どうりで，きみには一種別の世界から来たような雰囲気

が漂っているわけだ。もやの中で出くわしたとき，おとぎ話の中にいるように思ったよ。きみが私の馬に魔法でもかけたのか，なかば尋ねたい気になったものだ。実際，まだそんな気がするほどだ。両親は？

ジェーン　　両親はおりません。
ロチェスター　では家は？
ジェーン　　家もありません。
ロチェスター　だれがきみをここへ推薦したのかな。
ジェーン　　フェアファックスさまが私の出した広告にご返事をくださったのです。
ロチェスター　なるほど，それできみはここへかけつけて，ちょうど私を馬から振り落とすはめになったというわけか。ピアノはやるかね。
ジェーン　　ほんの少しなら。
ロチェスター　ふーん，それはお定まりの返事だ。応接間に入りたまえ，いや入ってください。さあ，ろうそくを持って，戸を開けはなしたまま弾きなさい。
ジェーン　　何を弾いたらよろしいですか。
ロチェスター　何でも，きみのお好きなものを。
　　　　　　（ピアノを弾く音）
ロチェスター　もういい，わかった。少しは弾くね，十人並みだ。たぶんきみより下手なものもいるだろうが，だが上手とはいえん。ではおやすみ，エァさん。
ジェーン　　おやすみなさい。

(8)

ジェーン　ソーンフィールド館の主人とはどのような人であったのでしょう。あんなにも高慢で、ひねくれていて、無礼きわまりないなんて。だが、彼のすさんだ気持ちは、運命という何か残酷な苦難がもとになっているのだということを、私は本能的に感じとったのでした。これが真実だとわかったのはまもなくのことです。別れてから私は自分の部屋へひきあげました。眠りに落ちるやいなや、私はあの声を聞いたのです…それは、悪夢の中で聞く声のような…すさまじい…狂気じみた笑い声…その女の笑い声はソーンフィールド館の塔のあたりから聞こえてくるようでした。私は長い廊下の端の自分の部屋のドアを開けてみました。塔に通じている石段の前に、フェアファックス夫人の姿が見えました。だれかと話をしていました。

フェアファックス夫人　気をつけてくれなくては。お屋敷中に響きわたるからとあれほど何度も注意してあるでしょ。

グレイス・プール　わかってます、…はい…ではおやすみなさい。

フェアファックス夫人　ああ、ジェーンさん、おやすみのところを妨げてしまいましたね。

ジェーン　いいえ、異状はなかったんでしょう？

フェアファックス夫人　え？　ああ、あなた、私がグレイス・プールに話していたのをご存じなのね。彼女は針仕事をしてもらっている人なの。仕事はすばらしく上手なんですけれど、少し風変わりなのよ。ところで、ロチェスターさまとはうまくいって？

ジェーン　あの方はいつもあのように気まぐれで、無愛想(ぶあいそう)なんですの？

フェアファックス夫人	ええ, 気の変わりやすい方です。しかし大目に見てあげなくてはねえ。
ジェーン	なぜ, とくにあの方にそうしてあげなければならないのですか。
フェアファックス夫人	1つにはそれが生まれつきだからですわ。それにあの方には気苦労がおありになるし。
ジェーン	フェアファックスさま, 別に知りたいのではないんですけど…。
フェアファックス夫人	家庭の悩みですのよ, ジェーンさん。あの方がソーンフィールドにめったにお帰りにならないのはそのためだと思います。ここはあの方に不愉快なことを思い出させてしまうんですわ。ではおやすみなさい。
ジェーン	おやすみなさい。

(9)

ロチェスター	エァさん, お掛けなさい。きみは…ここに来て…どのくらいになるのかな。
ジェーン	8日になります。
ロチェスター	8日か。きみにはひどく面くらってしまう。もっとも, そんなふうに私を見つめるところをみると, きみも私のことを得体(えたい)の知れない人物だと思っているようだが。エァさん, 私をよく見てくれたまえ, 私は好男子かね。

ジェーン	いいえ。
ロチェスター	そうか！
ジェーン	まあ，あまりにぶしつけすぎました。お許しください。
ロチェスター	いや，顔をそむけないでくれ，顔を。私の顔から何が読みとれるかね。私はばかに見えるかね？
ジェーン	いいえ，そんなことありません。
ロチェスター	ではやさしい人間の顔といえるかな。
ジェーン	そうとはとても。
ロチェスター	そのとおりだ。私は思いやりのある男ではない。かつては私にもやさしい気持ちがあったのだが，きみはそんなこと信じないだろうね。
ジェーン	どうか，そのようにおっしゃらないで…。
ロチェスター	エァさん，私は運命の神にたたきのめされたのだ。運命の神はその手で私を作り上げ，ついに今では，自分がゴム・ボールのように固く，強い男であるとうぬぼれている。でも，まだこの固まりきった心の核には小さいが，ある感じやすい部分が残っている。それは私にも希望が残っているということかな。
ジェーン	何に対する希望ですの？
ロチェスター	ゴム・ボールから生身(なまみ)の人間に戻るという希望だよ。エァさん，黙ってしまったな。ではそのまま黙って聞きなさい。聞いてもらいたいとはこのことだ，——私はきみを私より目下のものとして遇したくはない。だが，私はこれまで多くの国々の多くの人々とたたかい，さまざまな経験を経(へ)てきた。地球の半

　　　　　　　分以上を歩き回ってきたのだ。一方きみは１つ屋根の下で一群の仲間とだけこれまでの人生を歩んできた。そうしたことを考えると，私には多少主人ぶる資格があるとは思わないかね。

ジェーン　　あなたのおいいつけに従うことで，私は年に30ポンドいただくのです。どうぞお気にめすようになさってください。

ロチェスター　30ポンドか，そのことはとんと忘れていた。では，その金で雇われているのだから，私はきみを少しいじめてもいいというのかね。

ジェーン　　いいえ，いけませんわ。でも私の気持ちを，あなたと対等のものとして問題にされるならばよろしいですわ。

ロチェスター　よろしい。それできみは私を無礼とは思わないんだな。

ジェーン　　私は，形式ばらぬことと無礼(ぶれい)とを混同するようなことは決していたしません。

ロチェスター　どこへ行くのだね。

ジェーン　　アデールの勉強の時間ですわ。

ロチェスター　きみは私を恐れている。私から逃がれたいと思っている。きみは私を見る，そしてほほえむのをためらう…話すことさえもだ。認めなさい，きみは怖がっているのだと。

ジェーン　　私は…私は当惑しているだけです。怖がってはおりません。

(10)

アデール	先生，先生！　勉強のお時間よ。
ジェーン	ごらんのとおり，時間です，ご主人さま。私はここよ，アデール。
アデール	あたしを見て，先生。おじさまもよ。これ，おじさまが持ってきてくださったバレー服よ。
ロチェスター	そうか？
アデール	おじさま，あたしきれいでしょう？　見て。
ロチェスター	2階へ上がりなさい。
アデール	でも，おじさま！
ロチェスター	2階へ上がりなさいと言ったのだ。
ジェーン	いらっしゃい，アデール。私といっしょに行きましょう。
ロチェスター	エァさん，あなたとの話は終わっていない。
ジェーン	アデール，子ども部屋へ行ってなさい。
アデール	はい，先生。
ジェーン	私もすぐ行きます。
アデール	はい。
ロチェスター	エァさん，どうしてきみはそんな目で私を見るのだね？
ジェーン	あなたの過去のご不幸がどんなものだったってかまいません。あなたには子どもにその復しゅうをする権利はないはずです。
ロチェスター	まったくその通りだ。たしかに私は自分のことだけ，私自身の

個人的な思い出と感情のみを考えていた。私の心の中は、私の本性と周囲の環境とが互いののどを引き裂きあっている戦場なのだ。私の本性は私を善良な人間にしようとするのだ、エァさん。しかし、環境はそうでない人間に私を定めてしまうのだ。もう行ってよろしい。

ジェーン　ありがとうございます。
ロチェスター　ソーンフィールドできみが幸せになれるだろうと思っているよ。
ジェーン　私もそう思います。
ロチェスター　それはよかった。

(11)

ジェーン　それから三晩たって、私は再び、あのぞっとするような笑い声と、だれかが駆けているようなどすん、どすんという物音によって目を覚まさせられました。私はローブをひっかけ、ろうそくを手にしてドアを開けました。廊下にはだれ1人姿は見えませんでしたが、かすかにパチパチというような音が聞こえてきました。それは彼の、ロチェスターさまの部屋から聞こえてくるように思われました。その部屋の戸口に近づくと、ドアが少し開いているのが見えました。わずかな開きでした。しかし、そこから奇妙な光がもれてきました。それから…それから突然見えたのです…煙が…それに火も。

ジェーン　ロチェスターさま！　ロチェスターさま！
＊　＊

ロチェスター	ああ，エァさん，消えた，火は消えたよ。窓を開けてくれたまえ。ほら，火は私のベッドのところで燃え出したらしい。ベッドのカーテンとシーツのところだ。
ジェーン	フェアファックス夫人をお連れしてまいります。
ロチェスター	いったいなぜ彼女を呼びたいのだ。眠らせておけばよい。
ジェーン	だれか火をつけた人がいたのです。
ロチェスター	ここにいなさい。
ジェーン	足音が聞こえたのです。私には…。
ロチェスター	ここにいなさい。
ジェーン	なぜですの，どこへ行かれるのです？
ロチェスター	すぐ戻るよ。ここにいなさい，できるだけ静かにして。

(12)

ジェーン	彼はろうそくを持って，足早に廊下を歩いていきました。彼の部屋の窓は塔のほうに面していたので，私はそのとき，塔の壁にある通風孔を通して，ろうそくのゆらゆらゆれる光がらせん階段をだんだん高く，高く登ってゆくのを見ることができました。塔の中には，今の火事に関係のあるものが何かあったのです。ろうそくの明かりが塔のてっぺんにまといついているように見えました。それから——どのぐらい時間がたったのかわかりませんが——ろうそくの明かりはちらちら明滅しながら再び下りてきました。廊下に足音が響きました。ロチェスターさまが戻られたのでした。彼はドアを閉じ，私を見ました。
ロチェスター	今晩きみが部屋から出たとき，火を見て私を起こしてくれた

	ときにほかに何かを見たかね，エァさん？
ジェーン	いいえ。
ロチェスター	何か物音は？
ジェーン	そう，そうですね，笑い声のようなものを。
ロチェスター	笑い声？　前にも聞いたことがあるのか？
ジェーン	はい，前にも1度。ここには一風変わったご婦人が住んでいらっしゃるんでしょう？　グレイス・プールとかいう。
ロチェスター	グレイス・プール，そうだグレイス・プールだ。さて，これからやらねばならぬことがあるのだ。このことについて，しばらくはだれにも言っちゃいかん。ああ，そうだ…。
ジェーン	アデールのことですね！
ロチェスター	アデールのことなら心配しないでいい。たった今子ども部屋を見てきた。アデールは大丈夫だ。
ジェーン	ああ，よかったわ！
ロチェスター	あの子は眠っている。まくらをした頭のそばに…ダンスの靴をおいて…私があの子につらくあたるので自分で慰めようとしているのだ。あの子にはダンスの血が流れていて，媚(こび)が骨の髄まで入りこんでいる。エァさん，あの子はあなたに人形を見せたかね。
ジェーン	踊り子の人形ですか…それともお母さまが着てたようなドレスですか？
ロチェスター	あれの母親はパリ・オペラのバレーの踊り子だったのだ。アデールは母親にそっくりだ。

ジェーン	でも，亡くなったのです。アデールのお母さまは死んだのです。
ロチェスター	あの子にはそう教えているのだ。真実はそれほど痛ましいものではない。
ジェーン	ああ，あの子はほんとうに愛に恵まれないのですね。私はその埋め合わせをしてあげるようにしますわ。
ロチェスター	愛のない者や寄るべのない人々に，きみはいつでもひきつけられるのか？
ジェーン	そうすることが当然なときはですわ。
ロチェスター	私の生命は救うに値すると思うかね。
ジェーン	もしあなたに災いがふりかかったら悲しいと思いますわ。
ロチェスター	悲しいと思いますって？ それはまた何とつつましい感情だろう。今夜きみは私の命を救ってくれたじゃないか。エァさん，私にはわかっていた。きみがいつか何らかの形で，私のために尽くしてくれることを。
ジェーン	もしそうでしたら，私は…私はとても幸せです。
ロチェスター	おやすみ，ジェーン。
ジェーン	おやすみなさい。

第 2 幕

(1)

ジェーン　その夜，私は眠れませんでした。あの正気でない笑い声，火事，あわれなアデールの話——その1つ1つが私を苦しめ，おびえさせるなぞでした。しかし，最も当惑したのはソーンフィールド館の主人だったのです。
　このもの思いに沈んだゆううつな男は，あたりの荒野を吹きぬける風のように激しく，またとりとめがないのです。そして風のように，くまなくあたりを駆けめぐり，何かを思いあこがれ，ささやきをつぶやいているのです。翌朝は早く起きました。でも，それでも遅すぎました。ロチェスターさまはもう立たれたあとだったのです。朝食のとき，フェアファックス夫人が行き先を教えてくれました。

フェアファックス夫人　ロチェスターさまはミルコートのことを何か言っておいででした。たぶんそこへいらしたのでしょう…そうじゃないかもしれませんが。

ジェーン　ミルコート？

フェアファックス夫人　イングラム夫人の地所です。州の外れにあるんですよ。夫人にはお嬢さんがいらっしゃいます。ブランシュ・イングラムとおっしゃる方ですが，ロチェスターさまとは古くからのおなじみですわ。

ジェーン　そう。

フェアファックス夫人　ジェーン，あなた昨夜のことをお聞きになって？

ジェーン　はい，目を覚ましていましたから。

フェアファックス夫人　ほんとうに怖かったわ。私たち，みんなベッドの中で黒こげに

ジェーン	なってしまうところでしたわ。ロチェスターさまは火事が起こったようすをお話しになりまして？
フェアファックス夫人	ベッドで本を読んでいて眠り込んでしまったとおっしゃっていました。風が吹いて，ろうそくの火がベッドのカーテンに燃えうつったというのです。
ジェーン	そうですか。フェアファックスさま，失礼して私，アデールのところへまいりますわ。

(2)

ジェーン	アデールはまだ眠っていました。彼女の部屋を出ながら，私の目は塔の階段のほうへ引き寄せられました。ほとんど自分の意志に逆らって，私はその古びた石段に歩みを進め，それを登り始めたのです。半分ほど登ったところで，大きな戸が行く手を遮っています。しかし戸は開いていましたから，私はそこにそっと入り込みました。階段の頂上にはまた1つ戸があります。そこへたどりつかないうちに，突然，金切り声が聞こえてきました。それは半ば人間，半ば動物的なうなり声でした。と，つづいてあたかもけものがおりの棒を引き裂いているような，どしん，どしんという物音が聞こえてきます。私は階段の上でよろめき，降りかけたときです，背後のドアがぎーっと開いて，声が響き，私はその場に動けなくなってしまいました。
グレイス・プール	おまえはここで何をしているの？
ジェーン	あなたはどなた…どなたです？

グレイス・プール	聞いているはずよ，グレイス・プールだよ。ここへ上がってきちゃいけない，決して。
ジェーン	なぜです？　何があるのです？　あなたは何を隠しているんですか。
グレイス・プール	だれもここへ入ることは許されていない…わかったわね，だれもよ。さあ，下へ行くんだ。下へ。

（3）

ジェーン	こうして，私にとってこの塔のなぞは未解決のままでした。エドワード・ロチェスターさまはご不在のまま，冬の数週間かがのろのろと過ぎていったのでした。アデールが明らかに私を好いてくれていることに，私は多少の満足を見いだしていました。それから…春の初めのころ，あの方が帰ってこられたのです。しかし，1人ではありませんでした。数10人もの客をお連れになっていて，私たちは不意をつかれました。お客の中にイングラム夫人とその令嬢ブランシュもいました。
ロチェスター	ああ，ジェーン，お入り。顔を見せてくれ。私が家に戻って何時間にもなるのに，きみからはひとこともない。なぜだね？
ジェーン	お客様とごいっしょだったからです。おじゃましたくありませんから。
ロチェスター	私の留守中に，きみは何をしていたのかね。
ジェーン	アデールを教えておりました。
ロチェスター	なるほど，しかし，以前よりひどく顔色が悪くなっている。ど

	うしたのだ。
ジェーン	何でもありません。
ロチェスター	悲しそうだな。また何で？
ジェーン	悲しくなんかありません。
ロチェスター	とても悲しんでいる。だからもう少し話をしたらきみの目は涙が出ることだろう。いやもうすでにきみの目はうるんでいる。きらきら涙がいっぱいだ。ジェーン，ジェーン，話したまえ。どうしたのだ？
フェアファックス夫人	ロチェスターさま。
ロチェスター	いったい何だ…？
フェアファックス夫人	だんなさまにお目にかかりたいという男の方がみえています。
ロチェスター	だれかね。
フェアファックス夫人	メイソンという方です。ジャマイカのスペイン人町のメイソンだと，おっしゃってます。
ロチェスター	メイソン？　スペイン人だと…？　書斎に通してくれ，フェアファックス夫人。
フェアファックス夫人	かしこまりました。
ロチェスター	ジェーン，きみと2人きりで静かな島にでもいたいと思うよ。苦悩や危険や忌まわしい思い出から遠く離れて。
ジェーン	私でお役に立ちましょうか。
ロチェスター	助けて欲しいときは，きみの手を借りたい。約束するよ。ジェーン。

ジェーン	はい？
ロチェスター	ほかの部屋にいる客が全部やって来て，私につばをかけたとしたら，きみはどうする？
ジェーン	みんな追い出してしまいます。もし私にできれば…。
ロチェスター	あるいは，もし私が彼らのところへ行き，彼らが私1人を置き去りにしてみんな立ち去ってしまったとしたら，そのときはどうする？　みんなといっしょに行ってしまうかね。
ジェーン	私はあなたのところにとどまりますわ。
ロチェスター	私を慰めるためにか？
ジェーン	はい，できるだけのことをして。
ロチェスター	ありがとう，ジェーン。

(4)

ジェーン	その夜遅く，私はメイソン氏についてもう少し知ることになりました。それは真夜中をずっと過ぎたころでした。屋敷中が寝静まっていたそのときに，また起こったのです，塔からあの身がすくんでしまいそうな金切り声が。客たちは目を覚まし，おびえてしまいました。しかし，エドワード・ロチェスターさまは，その場をつくろう都合のよいいいわけを用意していました。あれは召使いの1人です，召使いが悪い夢でも見たのです，彼はそう言いました。
ロチェスター	それだけですよ，悪夢だったのです。さあ，廊下ではすきま風が入りがちですから，どうぞお部屋にお戻りください。イングラム夫人，お手本を示してください。

イングラム	では，みなさま，おやすみなさい。さあ，ブランシュ。
ブランシュ	でもエドワード，あたくし，あなたにはまったく失望してよ。あなたが強盗を撃つところを見るのを楽しみにしていましたのに。そうじゃなくって，お母さまも。
イングラム	まあ，軽はずみなことはよして，ブランシュ，さあベッドにお戻りなさい。おや，もう朝ですのね。
ブランシュ	おやすみ，エドワード，そして，おはよう。
ロチェスター	よい夢を，勇敢なるブランシュ。もう騒ぎは起こしませんからね。

(5)

ロチェスター	ジェーン，ジェーン，起きてるかね？
ジェーン	はい。
ロチェスター	急いで私といっしょに来てくれたまえ。
ジェーン	上に行くのですか。…塔に？
ロチェスター	そうだ。きみは血を見ても気持ちが悪くならないかね？
ジェーン	そんなこと，試されたことがありませんけど，大丈夫だと思いますわ。
ロチェスター	手を出してごらん，気を失うといけない。きみの手は温かくてしっかりしている。ジェーン，これからきみが見るものは，きみにショックを与え，おびえさせ，混乱させるかもしれない。でもお願いだ，どうか説明を求めないでくれ…ただ私を信じ

	てもらいたい。できるかな。
ジェーン	できます。

(6)

ジェーン	塔の中にはベッドがあり，その上には，男が1人血まみれになって意識を失ったまま横たわっていました。その小さな部屋の反対側にはドアが1つあり，それは重い鎖で固定されていました。そのドア越しに，気味の悪いすすり泣きの声と何かをひっかく物音，そして時折グレイス・プールの声が聞こえてくるのでした。でも私には考えるひまも怖がっているひまもなかったのです。
ロチェスター	ジェーン，私はリヴァース医師を連れてこなければならん。つまり，きみはこの紳士と2人きりになってしまうわけだ。今私がしているように，この血を吸いとってくれたまえ。この男が意識を回復したとしても，話しかけてはいけない。ジェーン，わかったね？
ジェーン	はい。
ロチェスター	どんなことが起こっても，ここから動いたり，あのドアを開けたりしちゃいかん。私はできるだけ早く戻ってくるから。

(7)

ロチェスター	患者です。リヴァース先生。ジェーン，大丈夫か。
ジェーン	大丈夫です。この人は意識をとり戻しました。

ロチェスター	20分間です，リヴァース先生，その間に傷の手当てをして患者を連れ出さなければ。
医師	そううかがいました。
メイソン	ちょっと待ってくれ。
ロチェスター	メイソン。
メイソン	私は…私はだめだ。
ロチェスター	何をつまらんことを。少しばかり血を出しただけじゃないか。
メイソン	彼女は，まるでトラみたいに私にかみついてきたんだ。
医師	話さなければよくなります。では治療を始めさせてください。
メイソン	彼女は私の心臓の血を吸いつくしてやると言った…。
ロチェスター	静かにしろ，メイソン。ジェーン…。
ジェーン	はい。
ロチェスター	静かに階下に行って，横の通路の戸のかんぬきを外してくれたまえ。そこにリヴァース先生の馬車が待っている。われわれが降りたらすぐ，御者が出発できるようにとりはからってくれ。
ジェーン	かしこまりました。
ロチェスター	お手伝いしましょうか，先生。
医師	いやよろしい。メイソン，これは痛いだろうがしかたがない。
メイソン	あ，痛ッ。
ロチェスター	メイソン，ここには来るなといったではないか！
メイソン	何か役にたつんじゃないかと考えたのだ。
ロチェスター	考えたというのか…ただそれだけだな。

医師	じっとしていてください。
ロチェスター	私は長い間世間に知られないように努めてきた。今度もきっとばれないようにしてみせる。リヴァース先生はきみを入院させてくれる。元気になるまでそこにいるがよい。
メイソン	エドワード。
ロチェスター	何だ。
メイソン	彼女のめんどうをみてやってくれ。どうかできるだけやさしくしてやってくれ。
ロチェスター	私は最善を尽くす。今までもそうしてきたし、これからもそのつもりだ。しかし，こんなことはこれでおしまいになってくれればいいんだが。

（8）

ロチェスター	行ってしまったよ，ジェーン。メイソンもリヴァース先生も。
ジェーン	そうですね。そして，また夜明けですね。
ロチェスター	助けはきみに求めると，私は約束したね。それがこんなに早くなろうとは思わなかった。
ジェーン	ここにいてよかったと思っています。
ロチェスター	ジェーン，少し庭を散歩しよう。庭はとてもさわやかで澄みきっている。
ジェーン	ロチェスターさま，グレイス・プールはまだここにいるのですか。

ロチェスター　そうだ。グレイス・プールはこのままいつづける。説明は求めないでくれ。ただ信じてくれ。これには相当の理由(わけ)があるのだ。ジェーン，きみは私の友だちだね。

ジェーン　正しいことでしたら何でもお役にたちますわ。

ロチェスター　それでは，もし私が正しくないことをするようにきみに頼んだら，そのときは？　答えはわかっている。静かにきみは「いいえ，いけません，それはできません」と言うだろう。

ジェーン　そうでしょうか。

ロチェスター　ジェーン，想像してくれたまえ，きみは子どものときから思慮がなく，甘やかされた若い男であると。はるか遠くの土地にいるきみ自身を思い浮かべてくれ。そこで，きみはとり返しのつかない過ち(あやま)を犯してしまった——それは人間的な喜びのあらゆる可能性からきみを切り離してしまうような過ちだ。そして，突然，運命がきみに，再生と真の幸福の機会を与えてくれる，と考えてごらん。そしたら，単なる慣習の障害は飛び越えても正当化されるであろうか。教えてくれ，ジェーン，正しいとされるだろうか。

ジェーン　どうして私に答えられましょう。それは各自の良心が決定すべきことですわ。

ロチェスター　だが，決定できないときは？　もしきみが，もっとも大切にしているものに恥ずかしい思いをさせたり，守ってやりたいともっとも願っているものを破壊してしまうことになるのを恐れているとしたら？　ああジェーン，こんなふうにきみを苦

	しめたりして，私をのろわないでくれるか。
ジェーン	のろったりなんかいたしませんわ。
ロチェスター	そのことを約束してくれ，（ジェーンは手をさしのべる）きみの手，きみの指は冷たい。昨晩はもっと温かだった。ジェーン，いつかまた夜に，私といっしょに起きていてくれるかね。
ジェーン	お役に立つならいつでも。
ロチェスター	たとえばのことだが，私が結婚する前の晩，私といっしょにいてくれるか。
ジェーン	結婚なさるのですか。
ロチェスター	いつかはね。べつにおかしくはないだろう。
	（遠くでブランシュがアデールと話している声が聞こえる。2人はジェーンとロチェスターのところに近づいてくる）
ブランシュ	どうしてあの方が馬小屋にいらっしゃると思うの？
アデール	ロチェスターさまはよく朝食の前に馬に乗るからよ。
ブランシュ	まあ，こんなところであの方を探すなんて！
ジェーン	（2人を認めて）あれはアデールよ。
ロチェスター	それに，あの不愉快なイングラム嬢もだ。ブランシュ！
ブランシュ	エドワード，あなたなの。
アデール	エドワードおじさま！
ブランシュ	こんなに朝早く逃げ出してしまうなんてどういうおつもり？
ロチェスター	ジェーン，失礼するよ。あなたのほうこそこんなに朝早く起きるなんてどういうつもりなのかね。
ブランシュ	正式の主人役ならお客をもてなすものですよ。

| ロチェスター | ブランシュ、私はいつだって尋常なふるまいはしてこなかったし、これからも決してしない。あなたはいつになったらそれをわかってくれるのかね。では行こうか。

(9)

（ブランシュはピアノを弾いている。ジェーンの姿を見てピアノをやめる）
| ロチェスター | ブランシュ、どうしてやめるのかね。それともそのあとは知らないのか。
| ブランシュ | エドワード、あの人あなたに会いたいんじゃなくって？
| ロチェスター | えっ？　ああ、エァさん、お入り。
| ジェーン | すみません、お忙しいとは存じませんでした。
| ロチェスター | イングラム嬢しばらく席を外してください。
| ブランシュ | かしこまりました。でもお忘れになっちゃいやよ、エドワード。あなた、あたくしにお屋敷を案内してくださるって約束なさったんですからね。
| ロチェスター | ではジェーン、何だね。
| ジェーン | 私、昼食のときに、お客さまのどなたかのお話を立ち聞きしてしまいました。明朝あなたは、みなさまといっしょにお立ちになるとおっしゃってました。私、照会状をいただきたいと存じまして。
| ロチェスター | 照会状？　いったい何のために照会状が必要なんだね。

ジェーン	新しい職を探すためにです。あなたは結婚なさるおつもりのようにおっしゃいましたから。
ロチェスター	それで？
ジェーン	その場合には，アデールはどこかの学校へ行くことになるでしょう。
ロチェスター	わかった，アデールは学校へ行かねばならんし，きみは地獄へ行かなければならない，そうなのか？
ジェーン	そうでなければいいと思います。
ロチェスター	きみが新しい勤め口を探すときが来たら，私が見つけてあげるよ。わかったかね。
ジェーン	よろしいです。お立ちになる前にはもうお目にかからないかもしれません。さようなら，ロチェスターさま。
ロチェスター	さよなら，エァさん。ジェーン，ジェーン，それだけかね。それではあまりにそっけなくて言葉を惜しんでいるように思えるのだが。たださようならと言うだけなのかね。（ジェーンは手を出し，握手を求める）ああ，きみの手だ。握手をしてくれるというだね。さようなら，ジェーン。

(10)

（ロチェスターはブランシュを連れて屋敷内を案内している）

ロチェスター	ブランシュ，これで全部ご覧にいれたわけだ。畑も，森も，そしてこの庭も。

ブランシュ	ほんとうに美しいところですね、あなたのソーンフィールドは。
ロチェスター	ろう獄としてなら、目的にかなうだろう。
ブランシュ	ろう獄ですって？　まあ楽園ですわ——安息所，平和と愛の安息所ですわ。
ロチェスター	だれが愛のことなど話しているのだね。気晴らしというものは，男が必要とするものだ。自分の心の秘密をあまりに深く見つめすぎないようにしてくれる気晴らしというものは。
ブランシュ	エドワード，あなたには心があるのかしらと，ときどき思いますわ。
ロチェスター	そんなものを持っていると，あなたに信じさせてしまうようなことを，何か私が言ったことがあるかね。
ブランシュ	エドワード，あなた，決してまじめになれませんの？
ロチェスター	たぶん食事をしているときを除いたら，今ほどまじめなことはないよ。
ブランシュ	ほんとうにあなたはときどき胸が悪くなるほど粗野になれるのね。
ロチェスター	いったい，この私がほかの何になれるというのかね。
ブランシュ	そう思ったら，ソーンフィールドなんかに来るもんですか。
ロチェスター	さて，今われわれには考えてみなければならぬことがある。まず第一にロチェスター氏は実に胸くそ悪くなるほど粗野で醜い…。
ブランシュ	エドワード，あたくしは決して…。

ロチェスター	第二に，彼は非常に注意深くて愛とか結婚とかの話を決して口にしない。しかしながら，これは第三点だが，イングラム家は幾分か貧困に陥っている。ところが胸くそ悪くなるようなロチェスター氏には年8,000ポンドという定収入がある。
ブランシュ	エドワード！
ロチェスター	さて，この事をすべて考えると，ブランシュ嬢はどんな態度をとると期待できよう。世間というものについての私の経験からすれば，ロチェスター氏が無事に引っかかるまで，同嬢は同氏の粗野なふるまいなどは見て見ぬふりをするだろうと推測するのだが。
ブランシュ	よくもまあ！
ロチェスター	さあ，これでばか騒ぎは終わりだ。
ブランシュ	あたくし，今までこんなに侮辱(ぶじょく)されたことはありませんわ！
ロチェスター	ブランシュ，私はあなたに大いなる敬意を表して，率直に申し上げただけなのだ。
ブランシュ	あなたは野卑で下劣な人間です。行っておしまいなさい，すぐに。

(11)

ロチェスター	客は行ってしまったよ，ジェーン，1人残らず。また私たちだけになった。
ジェーン	ロチェスターさま，私もお別れします。

ロチェスター	すぐに私を忘れるためにか！
ジェーン	決してあなたのことを忘れたりはいたしませんわ。あなたもご存じのはずです。でも私は行かなければならないと思います。死を避けることができないのと同じようにです。
ロチェスター	その必要がどこにあるのだ？
ジェーン	あなたの花嫁さまのためにです。
ロチェスター	花嫁？　私には花嫁などいない。
ジェーン	でもお持ちになるでしょう。
ロチェスター	ああそうだ…そのつもりだ。
ジェーン	それではあなたは，私があなたにとって何でもない人間になっても，ここにとどまっていられると考えておられるのです。あなたは，私が…私が貧しくて卑しい身分で不器量であるからといって，魂も心もないとお思いになるのですか。私にだって，あなたと同じくらい魂もあり，十分に心もあります。もし神が私に富と美とを授けてくださっていたら，あなたは私と別れがたいお気持ちになられたでしょうに。私が今あなたのもとから立ち去りがたいのと同じように。さあ，これで私は本心を申し上げました。ではお別れいたします。
ロチェスター	ジェーン…ジェーン…あなたは不思議な人だ，この世の人とは思えない。あなたこそ私は私自身の体として愛する人だ。
ジェーン	からかわないでください。
ロチェスター	ブランシュなど何とも思っていやしない。私が欲しいのはあなたなんだ。ジェーン，返事をしてくれ。早く…言ってくれ，

	「エドワード，私はあなたと結婚します」と。…言ってくれ…言ってくれ，ジェーン。「エドワード，私はあなたと結婚します」と。
ジェーン	エドワード，私はあなたと結婚します。
ロチェスター	神よ，私を許したまえ！
ジェーン	エドワード！
ロチェスター	神よ，私を許したまえ！

第 3 幕

(1)

ジェーン　私が抱いていたすべての疑惑，ソーンフィールド館をおおっていたあらゆる気味の悪い暗影は吹き払われ，消え去ってしまいました。私は愛し，また愛されました。地上に春が訪れるとともに，私の心にも春がやってきたのでした。2週間後，エドワードと私は村の小さな教会で手をとりあっていました。このひとときと同じような幸せが永遠につづくであろうと思われました。牧師が結婚式を始めました。

牧師　…何人といえども神のみ言葉の許しなくして結ばれたるは，神によりて結ばれたるにあらず。それゆえ，エドワード・ロチェスターとなんじジェーン・エァよ，もし2人のうちいずれにせよ，結婚を行うことに正当にあらざる障害ありと知るならば，今それを告白せよ。エドワード・ロチェスター，なんじはこの女性を妻とするや？

メイソン　待ってください！　障害の存在を申し立てます。

ロチェスター　式を続行してください。

メイソン　それはできません。ロチェスター氏には妻が生存しています。

牧師　あなたはどなたです。

メイソン　私の名はメイソンです。1824年10月20日，ジャマイカのスペイン人町にあるセント・メリー教会において，エドワード・ロチェスターは私の妹，バーサ・メイソンと結婚いたしました。結婚の記録はその教会の登録簿にあります。

牧師　あなたは真実を話していると誓いますか。

メイソン	誓います！　私の妹は今，ソーンフィールド館に住んでいます。この目で確かめています。
ロチェスター	牧師さま，聖書をお閉じください。本日は結婚式はできません！　そのかわりに，私はみなさんを私の家へお招きいたします。グレイス・プールの患者，すなわち私の妻に会っていただくためです。

（2）

ジェーン	ソーンフィールド館へ帰る旅は果てしなく思われました。途中でリヴァース医師を乗せるために止まりました。エドワードが，医師もいっしょに連れて戻ると主張したからです。帰り道のことで私が覚えていることといえばそれぐらいです。言葉が交わされても，私はうわのそらだったのです。それから，とうとう私は自分がグレイス・プールといっしょにいることに気づきました。そのほかの人々も，塔のある部屋に立っていました。鎖がガチャガチャと鳴り，錠のはずれる物音がして，ドアが開かれました。エドワード・ロチェスターの妻が，彼の前に立っていました。金切り声をあげながら彼女はエドワードのほうに身を投げつけ，両手は，しきりに彼ののどを引き裂こうとしたのです。でも，危害を加えるいとまはありませんでした。グレイス・プールと医師が彼女に飛びかかりました。人々が元の位置に戻り，ドアが再び閉ざされ鎖で固定されたとき，初めてエドワードが私たちに向かって口を開きました。
ロチェスター	みなさんがご覧になった女が私の妻です。気が狂っています。狂気の家系の子孫です。教会も法律も，離婚の望みもなしに，永久に私をこの女にしばりつけているのです。そして，この人

が私の望んだ女性です。今あなたがたといっしょにいるこの若い女性，地獄の入口にいてもこのように落ちついて静かに立っています。この違いをご覧になってから，私を裁いてください。

(3)

ロチェスター　ジェーン，みんな行ってしまった。入ってもいいかね。
ジェーン　　　はい。
ロチェスター　ジェーン，私はあの女を知りもしなかったのだ。19歳のとき，私はスペイン人町で結婚した。新婦はすでに私に代わってだれかが求婚済みだったのだ。しかし私は結婚した。なんと卑屈な，目が見えないでくのぼうだったことか！ ジェーン，わかったかね。大酒飲みでかつ不貞な妻に結びつけられた男のありとあらゆる苦しみを私は受けたのだよ。私は彼女の不行跡がついには彼女を狂気に追いやるのを見た。それから私は彼女を英国のソーンフィールドに連れ戻したのだ。ジェーン，私は神と人間性の要求するものはすべて行った。それから，私はここを逃げ出した。私のきまった望みというのは私が愛することのできる女性，私がここに残していった狂暴な女とは対照的な女性を見いだすことだった。そして何を私は見いだしたか。ウィーンの女優，ナポリの婦人帽子屋，ワルシャワの伯爵夫人だ。英国に戻って再び私は馬にのってソーンフィー

ルドの見えるところまでやってきた。だれかが…だれかがもやの中を歩いていた。奇妙な妖精のようだった。彼女は私の馬を驚かせた。そしてやってきて，落ち着いて私に助けを申し出くれた。そしてその夕方遅く…ジェーン，覚えているね？

ジェーン　　覚えています。

ロチェスター　きみは部屋に入ってきた。何と恥ずかしがっていたことか。しかし，私のつっけんどんな質問に何とちゅうちょなく答えてくれたことか。それからきみは私に笑顔を見せた。そしてその瞬間，私はきみを見つけあてたことがわかったのだ。ジェーン，私を許してくれるかね？

ジェーン　　許します。

ロチェスター　そして，きみはまだ私を愛することができるかね。

ジェーン　　私は心からあなたを愛しています。これが最後ですから，今そのことをはっきり申し上げることができます。

ロチェスター　では，私を放っておいて，きみは自分の道を行くというのか。行かないでくれ，ジェーン。私たちはだれ1人として傷つけることにはならないだろう。

ジェーン　　でも私たち自身を傷つけることになるでしょう。

ロチェスター　私のそばにいるということがそんなに悪いことだろうか。そうだろうか？

ジェーン　　エドワードさま，お別れします。そうしなければならないことは，きっとあなたもおわかりになっています。

ロチェスター　きみは私を慰めてくれる人，私を救ってくれる人にはなれな

	いというのかね。ジェーン，私の深い愛，私の気も狂わんばかりの祈り，そんなものはきみにとって何でもないのか？
ジェーン	さようなら，エドワードさま。神のご加護がありますように！神があなたさまを災いや過ちからお守りくださいますに！
ロチェスター	ジェーン！ ジェーン！

(4)

ジェーン	私の行くべきところはただ1つしかありませんでした。彼から離れて…彼から離れていればどこでもよかったのです。しかし，照会状なしでは職を見つけることは不可能でした。空腹や野宿の夜がどんなものであるか，私はまもなく身をもって知りました。ついに，助けもなく，希望もうせ…私は打ちのめされた犬のようになってロウウッドに向かったのでした。ブロックルハースト氏は，2度とその門を開かないと私に言った言葉を忘れていました。
ブロックルハースト	エア，とうとう戻ってきたな。さぞかし後悔し，へりくだった気持ちでいることだろう。慈悲を求めていながら，たぶんあいかわらずわれわれの好意に対して，いつもの欺まんで報いる覚悟をしているのではないのか。
ジェーン	こちらで私を使っていただけるなら，そうお願いしたいのですが。
ブロックルハースト	エア，きみは教師になりたいというのかね。
ジェーン	はい。

ブロックルハースト	教師は間に合っている。だが台所に働き手がいる。それでよいのかね。
ジェーン	はい，おかせていただければ。
ブロックルハースト	では台所に入るか？
ジェーン	はい。
ブロックルハースト	待ちなさい！　数か月前に，私はエドワード・ロチェスター氏という人からきみのいどころについて何度も繰り返し，問い合わせを受けた。もちろん，私は役にたつことはできなかったが。
ジェーン	エドワード・ロチェスターなどという方は私は存じません。
ブロックルハースト	べつにきみに尋ねたわけではない。きみがその人を知っていようといまいとどうでもよいことだ。最後の手紙で，彼は私の親切を謝したあとで，永久に英国を去ると言ってよこした。

(5)

ジェーン	その夏が過ぎました。また秋になりました。そしてある日のこと，夜番の妻が私を探しに来ました。
夜番の妻	ジェーン，外の廊下にあなたに会いたいという方がみえていますよ。
ジェーン	会いたくありません。どなたにもお会いしたくないのです。
夜番の妻	あたし，あなたがすぐ出てくるからって言ってしまったのよ。
ジェーン	それじゃ，まちがいましたと言ってください。

夜番の妻	まあ，この人ときたら，まったく1人きりで暮らしているなんて。この気がめいってしまうようなところにいて自分を殺しているなんて。そうしたいのならあの方を追い帰してもいいんだけど，でもちょっとでいいから会ってあげなさいな。
ジェーン	どなたですって？
夜番の妻	リヴァース医師とおっしゃる方よ。
ジェーン	ありがとう。

* *

医師	ジェーン，あなたですね！
ジェーン	はい，リヴァース先生。
医師	しかし，あなたの顔色といったら…あ，失礼した。病気だったのかね。
ジェーン	失礼を申し上げるつもりはないのですが，先生は私の病気見舞いに来てくださったわけではないのでしょう？
医師	そうだよ，ジェーン。私は友人に頼まれてここへ来たのだ。
ジェーン	私がロウウッドにいることをどうしてお知りになったのですか。
医師	私は知らなかった。しかし私はあなたをずっと探し続けていたんだよ。この間，私はあなたについての手紙を受け取った。友人が，私の旅行中にあなたの安否を尋ねてくれないかと言ってきたのだ。さて，偶然私はブロックルハースト師に会ったというわけなのだが。
ジェーン	そのお友だちにご返事は出されたのですか。

医師	ジェーン，どうして私にできる？ たった今あなたを探しあてたばかりなのに。
ジェーン	いいえ，先生，あなたは私を見つけたりなどしていません。見つけようと努力なさいましたけれども私がどこにいるかはだれにもわかりません。
医師	ジェーン，エドワードは英国に戻ってきている。彼は今またソーンフィールド館に滞在している。彼はあなたのことをあちこちで探していたのだ。
ジェーン	あの方にはどうぞ何もおっしゃらないでください。
医師	でもジェーン，なぜだね？
ジェーン	なぜだかあなたがいちばんよくご存じのはずですわ。
医師	わかった。ジェーン，あなたがそう言うのだから。彼に返事を出さないほうがいいと思うのなら私は出さないよ。
ジェーン	何も教えてあげないほうがよろしいのです。さようなら，先生。
医師	さようなら，ジェーン。

(6)

ジェーン　「ジェーン！ …ジェーン！」ああ，あの声…夜ごと…私にはあの声が聞こえ始めたのでした。「ジェーン！」ああ，私はあの声に耳を閉ざそうとしましたが，できませんでした。「ジェーン！」，それは苦悩している魂の叫び声のようで…激しい，切迫した叫びで，もう私にはたえられないものでした。もう1度あの方にお会いしたい…もう1度お話をしたい，そしてそのあとは…私の身に何が起

こるのかわからなかったし，また気にもかけなかったのでした。私にわかったことは，ただここを立つこと，早く立たなければならないということだけでした。

（7）

ジェーン　　　お屋敷に到着したものの，ソーンフィールド館はもはやなくなっていたのです。火事ですべてが破壊されていました。私は焦げて黒ずんだ材木の山をじっと見つめていました。とそのとき，フェアファックス夫人が私を見たのです。彼女は庭師の小屋から走り出てきました。

フェアファックス夫人　　まあ，ジェーン，かわいそうに！

ジェーン　　　何事が起きたのですか。

フェアファックス夫人　　あの女がやったのです。あの女はグレイス・プールが眠っているところを殺して，館に火をつけたのです。その笑い声で私たちは目を覚ましました。私は子ども部屋に駆けつけて，アデールを庭に連れ出したんです。そこに立っていたとき，あの笑い声がまた聞こえたんです。女は屋根の上にいました。エドワードさまはちょうど家から出てこられるところでした。ひとこともおっしゃらないで，あの方はきびすをかえして炎の中へ駆け戻っていらっしゃいました。あの方が屋根にたどりつき，女のほうへ向かって進んでいかれるのが見えました。あの女も彼を見ました。彼女は屋根の端に駆け寄り，飛び降りてしまいました。私たちが，落ちたところへ行ったとき，あの女は事切れていました。

ジェーン	エドワードさまは！　エドワードさまは！
フェアファックス夫人	あの方が降りてこられたとき，大階段が倒れたのでした。あの方はひどい傷をうけてしまわれました。
	(ロチェスターが2人の会話を聞いて)
ロチェスター	フェアファックス夫人？
フェアファックス夫人	はい。
ロチェスター	いったい何をしているのだ。アデールが夕食を待っているよ。
フェアファックス夫人	ただいままいります。
ロチェスター	だれかいっしょにいるのかね。だれだね。あなたはどなたです？
フェアファックス夫人	あの方の目をごらんなさい。目がお見えにならないのですよ。
ジェーン	エドワードさま，私，戻ってまいりました。エドワードさま！
ロチェスター	ジェーン！　ジェーンか！　あの小さなやわらかい指，あの髪，花のようにやわらかく小さなあの彼女の顔だ。
ジェーン	そしてその心も。
ロチェスター	ジェーン！　きみが今感じているのは哀れみの情だけだ…私は哀れみは受けたくない。
ジェーン	ああ，エドワード！
ロチェスター	きみは男の残がいといっしょに一生を送っていけない。きみは若いし…そんなにも元気がいい。
ジェーン	どうか，どうか…私を追い返さないでください。
ロチェスター	私がきみを追い返したいなどと考えると思うのかね。とんでもないことだ！

(8)

ジェーン　月日がたつにつれて、彼は再び天空が見えるようになりました。まず輝かしい太陽を、それから月のやわらかな光彩を、そしてついには宵の明星まで。それから、ある日のこと、私たちの最初の子が彼の腕の中に抱かれたとき、その子が、かつての彼の目とそっくりの、きらきらと輝く大きな黒い目をしているのを見ることができたのです。

　　　　　　　　　　　　　終わり